勇闯新路 挺进中游

奋力书写中国式现代化内蒙古新篇章

本书编写组

内蒙古人民出版社

图书在版编目（CIP）数据

勇闯新路 挺进中游：奋力书写中国式现代化内蒙古新篇章 / 本书编写组编 . -- 呼和浩特：内蒙古人民出版社，2025. 5. -- ISBN 978-7-204-18543-6

Ⅰ . D672.6

中国国家版本馆 CIP 数据核字第 2025XE0852 号

勇闯新路 挺进中游——奋力书写中国式现代化内蒙古新篇章

作　　者	本书编写组
责任编辑	陈利保　王　静　蔺小英　董丽娟
封面设计	林芝玉　刘那日苏
出版发行	内蒙古人民出版社
地　　址	呼和浩特市新城区中山东路 8 号波士名人国际 B 座五层
网　　址	http://www.impph.cn
印　　刷	内蒙古恩科赛美好印刷有限公司
开　　本	710mm × 1000mm　1/16
印　　张	12.25
字　　数	120 千
版　　次	2025 年 5 月第 1 版
印　　次	2025 年 5 月第 1 次印刷
书　　号	ISBN 978-7-204-18543-6
定　　价	39.00 元

如出现印装质量问题，请与我社联系。联系电话：（0471）3946120

出版说明

牢记嘱托担使命，感恩奋进谱新篇。习近平总书记对内蒙古一直牵挂于心，到党中央工作后，4 次到内蒙古考察，6 次参加全国人民代表大会内蒙古代表团审议，10 次就内蒙古工作发表重要讲话，多次就内蒙古有关工作作出重要指示，亲自为内蒙古指明前进方向、制定行动纲领、擘画发展蓝图，构成了习近平新时代中国特色社会主义思想的“内蒙古篇”。

在习近平总书记的亲切关怀和正确指引下，内蒙古各项事业取得显著成就。特别是党的二十大以来，内蒙古主要经济指标增速连续 3 年位居全国第一方阵，2024 年，经济总量全国排名上升至第二十位，时隔 5 年重回全国中游行列，经济社会加快步入高质量发展轨道，实现了经济结构向优、动能向新、态势向好的转变。新时代的内蒙古，经济发展、民族团结、社会稳定、文化繁荣、边疆安宁、生态良好，祖国北部边疆这道风景线更加亮丽。

为常态化开展“感恩党、听党话、跟党走”群众教育，帮助全区广大党员干部群众深入领会习近平总书记对内蒙古重要指示精神，理解把握“内蒙古新时代的发展成就是在习近平总书记亲切关怀和指引下取得的”的深刻内涵，我们组织编写了《勇闯新路　挺进中游——奋力书写中国式现代化内蒙古新篇章》一书，忠实记录习近平总书记对内蒙古的亲切关怀和殷殷嘱托，客观记述新时代内蒙古2400万各族人民砥砺奋进所取得的巨大成就。

内蒙古广大党员干部群众要深切体悟习近平总书记和党中央对内蒙古的关心关爱，铸牢中华民族共同体意识，大力弘扬蒙古马精神和“三北精神”，牢记“六句话的事实和道理”，以强烈的感恩之心和坚定的奋进之志完成好“五大任务”和全方位建设模范自治区“两件大事”，奋力书写中国式现代化内蒙古新篇章。

本书编写组

2025年4月

目　录

CONTENTS

篇首语

习近平总书记
对内蒙古发展的殷切期望

2023年，习近平总书记在内蒙古考察时指出，“内蒙古是我国最早成立的民族自治区，在中国式现代化建设中闯出新路来，在全国、在国际上都有重要影响。”

遵照习近平总书记嘱托，立足自身实际，内蒙古确立了在中国式现代化建设中闯新路，推动经济总量在全国进中游的目标。

内蒙古是我国民族区域自治制度的发源地和实践场，在党和国家战略全局中占有特殊重要的地位。习近平总书记一直牵挂着内蒙古，对内蒙古工作高度重视，对内蒙古各族人民深切关怀，对内蒙古发展提出殷切期望。2014 年，习近平总书记考察内蒙古时提出了“把祖国北部边疆这道风景线打造得更加亮丽”的要求。2017 年，内蒙古自治区成立 70 周年，习近平总书记为内蒙古题词“建设亮丽内蒙古，共圆伟大中国梦”。

中央代表团赠予内蒙古的习近平总书记题词贺匾

2018 年，习近平总书记参加十三届全国人大一次会议内蒙古代表团审议时指出，内蒙古改革发展稳定工作做好了，在全国、在国际上都有积极意义。2019 年，习近平总书记参加十三届全国人大二次会议内蒙古代表团审议时强调，保持加强生态文明建设的战略定力，探索以生态优先、绿色发展为导向的高质量发展新路子，加大生态系统保护力度，打好污染防治攻坚战，守护好祖国北疆这道亮丽风景线。2020年，习近平总书记参加十三届全国人大三次会议内蒙古代表团审议时勉励我们“在新时代全面建设社会主义现代化国家征程上书写内蒙古发展新篇章”。2022年，习近平总书记参加十三届全国人大五次会议内蒙古代表团审议时叮嘱我们“把祖国北部边疆风景线打造得更加亮丽，书写新时代内蒙古高质量发展新篇章”。2023年，习近平总书记在内蒙古考察时指出，内蒙古是我国最早成立的民族自治区，在中国式现代化建设中闯出新路来，在全国、在国际上都有重要影响。他勉励我们“奋力书写中国式现代化内蒙古新篇章”。

从“书写发展新篇章”到“书写高质量发展新篇章”，再到“书写中国式现代化新篇章”，从做好“改革发展稳定工作”到“闯出新路来”，从“有积极意义”到“有重要影响”，内涵越来越丰富、范畴越来越广、定位越来越高、期许越来越深。“在中国式现代化建设中闯出新路来”，这是习近平总书记为内蒙古指明的前进方向、明确的发展目标，对内蒙古发展提出的殷切期望。

党的十八大以来，全区上下以习近平新时代中国特色社会主义思想为根本遵循，细悟笃行习近平总书记对内蒙古重要指示精神，立足欠发达的区情实际和党中央赋予的战略定位，坚定不移走以生态优先、绿色发展为导向的高质量发展新路子。2023 年 7 月，自治区党委十一届六次全会确立了“闯新路、进中游”的发展目标，即走出一条既符合中国式现代化普遍特征和共性要求，又立足内蒙古边疆民族地区实际、彰显党中央对内蒙古战略定位的发展道路，推动经济总量进入全国中游。

调结构、转观念、改作风，内蒙古直击制约发展的痛点难点，一步一个脚印，积极谋划发展新篇。“十四五”前三年，以年均 1.5% 的能耗增速支撑平均 6.1% 的经济增速，经济社会正加快步入高质量发展的良性循环轨道，实现了经济结构向优、动能向新、态势向好的转变。2024 年，工业增加值跨

过万亿元大关，居全国第十四位；乳业、稀土新材料、现代煤化工入选国家级先进制造业集群；粮食生产实现“二十一连丰”，产量突破800亿斤，牛羊肉、牛奶产量稳居全国第一位；新能源装机超过火电装机，在全国率先突破1亿千瓦，外送新能源电量居全国第一位，绿电交易规模居全国第一位；储能装机突破1000万千瓦，绿氢产能达到6万吨，绿电消费接近用电量的30%；科技投入、科技产出、产业创新指标增速均进入全国前十，经济增速连续3年高于全国平均水平……2024年，全区地区生产总值达到26314.6亿元，居全国第二十位。内蒙古用扎实的发展成绩宣布：内蒙古经济总量时隔5年重回全国中游。

当前，内蒙古自治区党委进一步对贯穿“一条主线”、办好“两件大事”、深入落实“五大任务”、持续实施“六个工程”、开展“六个行动”作出部署，带领全区干部群众鼓足干劲再出发，努力在“闯新路、进中游”上考出更好成绩，浓墨重彩书写好中国式现代化内蒙古新篇章。

第一篇

凝心聚力完成好“五大任务”

2021 年，习近平总书记参加十三届全国人大四次会议内蒙古代表团审议时，明确提出把内蒙古建设成为我国北方重要生态安全屏障、祖国北疆安全稳定屏障，建设国家重要能源和战略资源基地、农畜产品生产基地，打造我国向北开放重要桥头堡的战略定位。内蒙古将这些战略定位概括为必须完成的“五大任务”。

2021 年，习近平总书记参加十三届全国人大四次会议内蒙古代表团审议时，明确提出把内蒙古建设成为我国北方重要生态安全屏障、祖国北疆安全稳定屏障，建设国家重要能源和战略资源基地、农畜产品生产基地，打造我国向北开放重要桥头堡的战略定位。

2023 年，习近平总书记在内蒙古考察时叮嘱内蒙古“在建设‘两个屏障’、‘两个基地’、‘一个桥头堡’上展现新作为”。这“五大任务”是习近平总书记历次到内蒙古考察、2018—2022 年参加十三届全国人大历次会议内蒙古代表团审议以及党的十八大以来对内蒙古的多次重要批示中，陆续提出并反复强调的，蕴含着习近平总书记对边疆民族地区发展的深邃思考，是内蒙古在推进中国式现代化进程中必须扛起的要责和重任。

一、建设我国北方重要生态安全屏障

内蒙古横跨“三北”，是我国北方面积最大、种类最全的生态功能区。根据第三次国土调查数据，全区有草原 8.15 亿亩，约占全国草原面积的 1/5；森林 3.57 亿亩，约占全国森林面积的 1/10；湿地 7282.8 万亩，约占全国湿地面积的 1/12；荒漠化和沙化土地面积分别占全国荒漠化和沙化土地面积的近 1/4。在以“三区四带”为核心的全国重要生态系统

知识链接

三区四带

2020年6月，《全国重要生态系统保护和修复重大工程总体规划（2021—2035年）》（以下简称《规划》）公布。

《规划》以国家生态安全战略格局为基础，突出对国家重大战略的生态支撑，统筹考虑生态系统的完整性、地理单元的连续性和经济社会发展的可持续性，提出了以青藏高原生态屏障区、黄河重点生态区（含黄土高原生态屏障）、长江重点生态区（含川滇生态屏障），东北森林带、北方防沙带、南方丘陵山地带、海岸带等“三区四带”为核心的全国重要生态系统保护和修复重大工程总体布局。

保护和修复重大工程总体布局中，内蒙古是黄河重点生态区和东北森林带、北方防沙带的主要组成部分，是北方地区的“水塔”和“林网”，是我国治理荒漠化的主战场、防御沙尘暴的主防线。

（一）守好这方碧绿、这片蔚蓝、这份纯净

来内蒙古考察和参加十三届全国人大历次会议内蒙古代表团审议时，习近平总书记都对内蒙古生态环境建设和保护作出重要指示。2014年，习近平总书记考察内蒙古时，立足全国，给各级干部群众以明确指引：“我看出路主要有两条，

一条是继续组织实施好重大生态修复工程，搞好京津风沙源治理、三北防护林体系建设、退耕还林、退牧还草等重点工程建设；一条是积极探索加快生态文明制度建设。”

2019 年，习近平总书记参加十三届全国人大二次会议内蒙古代表团审议时指出，内蒙古生态状况如何，不仅关系全区各族群众生存和发展，而且关系华北、东北、西北乃至全国生态安全。把内蒙古建成我国北方重要生态安全屏障，是立足全国发展大局确立的战略定位，也是内蒙古必须自觉担负起的重大责任。构筑我国北方重要生态安全屏障，把祖国北疆这道风景线建设得更加亮丽，必须以更大的决心、付出更为艰巨的努力。2019 年，习近平总书记在内蒙古考察时指出，筑牢祖国北方重要的生态安全屏障，守好这方碧绿、这片蔚蓝、这份纯净，要坚定不移走生态优先、绿色发展之路，世世代代干下去，努力打造青山常在、绿水长流、空气常新的美丽中国。2017 年、2019 年，习近平总书记分别向第六届、第七届库布其国际沙漠论坛致贺信，高度赞扬库布其沙漠治理为国际

要闻 4 2019年7月28日 星期日 人民日报

第七届库布其国际沙漠论坛开幕

孙春兰宣读习近平主席贺信并致辞

2019 年 7 月 28 日，《人民日报》刊发题为《第七届库布其国际沙漠论坛开幕》的报道

社会治理环境生态、落实2030年议程提供了中国经验。

习近平总书记关心呼伦湖、乌梁素海、岱海（即“一湖两海”）污染防治进展，重视察汗淖尔生态问题，提出“统筹山水林田湖草沙系统治理”，要求“把祖国北疆这道万里绿色长城构筑得更加牢固”。

统筹山水林田湖草沙系统治理，生态环境逐步改善。左图为乌梁素海，中图为岱海，右图为呼伦湖

2023年6月5日，第50个世界环境日，习近平总书记到巴彦淖尔市乌梁素海考察，了解当地坚持山水林田湖草沙一体化保护和系统治理、促进生态环境恢复等情况，察看乌梁素海自然风貌和周边生态环境。习近平总书记指出，治理好乌梁素海流域，对于保障我国北方生态安全具有十分重要

的意义。乌梁素海治理和保护的方向是明确的，要用心治理、精心呵护，一以贯之、久久为功，守护好这颗“塞外明珠”，为子孙后代留下一个山青、水秀、空气新的美丽家园。

6月6日，习近平总书记走进临河区国营新华林场，端详着扎根沙地的树木，感慨地说：“像‘三北’防护林体系建设这样的重大生态工程，只有在中国共产党领导下才能干成。

内蒙古横跨“三北”，森林资源富集，在给我国北方地区披上风沙“防护服”的同时，还为全国人民打造了超级“碳库”和纯净“氧吧”。图为内蒙古牙克石林区

三北地区生态非常脆弱，防沙治沙是一个长期的历史任务，我们必须持续抓好这项工作，对得起我们的祖先和后代。”当天，习近平总书记主持召开加强荒漠化综合防治和推进“三北”等重点生态工程建设座谈会，专题研究部署防沙治沙和“三北”等重点生态工程工作，这标志着我们党对解决荒漠生态治理这一世界级难题的认识和实践达到了新的高度。座谈会上，习近平总书记语重心长地说：“搞生态文明建设，上要对得起中华民族的老祖宗，下要对我们的子孙后代有所交代。对大自然我们要有敬畏感，要把‘三北’防护林体系建设这件事抓好，对历史负责，对人民负责。”他明确要求，要进一步巩固和发展“绿进沙退”的好势头，分类施策、集中力量开展重点地区规模化防沙治沙，不断创新完善治沙模式，提高治沙综合效益。

这次考察之行，习近平总书记反复强调，筑牢我国北方重要生态安全屏障，是内蒙古必须牢记的“国之大者”。从“建成屏障”到“筑牢屏障”，从“重大责任”到“国之大者”，习近平总书记殷殷嘱托，是为了让内蒙古保持加强生态文明建设的战略定力，为各族人民群众守好这方碧绿、这片蔚蓝、这份纯净。

（二）牢记“国之大者”，把我国北方重要生态安全屏障构筑得牢不可破

党的十八大以来，内蒙古深入践行习近平生态文明思想，始终保持加强生态文明建设的战略定力，切实担负起维护国家生态安全的重大政治责任，深化生态环境领域改革，不断提高生态环境治理现代化水平，坚定不移保生态、抓节约、治污染、促转型，在培育健康稳定、功能完备的生态系统上取得积极成效，生态环境质量全面持续改善，生态文明建设迈上新台阶、呈现新气象。2011 年起，实施国家草原生态保

大兴安岭是我国面积最大的国有林区，1952—2015 年，累计为国家提供木材 2 亿多立方米。2015 年，大兴安岭林区“挂斧停锯”，20 万“砍林人”变成“看林人”，森林资源实现“长大于消”。图为大兴安岭“挂斧停锯”纪念木质台历

护补助奖励政策，让广袤草原“带薪休假”。2015 年起，大兴安岭林区“挂斧停锯”，全面停止天然林商业性采伐。探索实践了库布其治沙模式和磴口模式，采取“造封飞、乔灌草、带网片”等举措，对重点沙漠实施“锁边治理”，累计完成营造林 1.43 亿亩、种草 3.55 亿亩、防沙治沙 1.67 亿亩，规模均居全国第一。全区草原植被盖度和森林覆盖率实现“双提高”，荒漠化和沙化土地面积实现“双减少”，重点治理区实现了从“沙进人退”到“绿进沙退”的历史性转变。毛乌素沙地治理获得习近平总书记称赞，库布其沙漠治理模式为全球荒漠化治理贡献了“中国智慧”。2024 年，出台关于建设我国北方重要生态安全屏障的实施方案，制定各年度重点任务清单，当年各项重点任务全面完成。今日的内蒙古，地更绿、土更净、草更密、林更丰、山更青、水更秀、天更蓝、气更爽。

2012 年达拉特旗库布其沙漠林草覆盖遥感图

2024 年达拉特旗库布其沙漠林草覆盖遥感图

黄河流域生态保护与建设扎实推进

黄河流域内蒙古段处于黄河上中游交汇处的“几字弯”上半部分，全长 843.5 公里，约占黄河总长度的 1/6；流经 7 个盟市，流域面积 15.19 万平方公里。内蒙古沿黄地区拥有 8 个国家级自然保护区，具有草原、湿地、河流、湖泊、沙漠、戈壁等多种自然景观，不仅是黄河流域重要的生态屏障，而且是我国北方重要的生态防线。沿黄地区集中了内蒙古 50% 的人口，创造了全区 70% 左右的经济总量和财政收入，是推动内蒙古经济发展的核心引擎。

2023 年 8 月，黄河“几字弯”攻坚战在内蒙古全面打响。内蒙古锲而不舍、持续发力，把祖国北疆这道万里绿色屏障构筑得更加牢固。图为准格尔黄河大峡谷

内蒙古高度重视黄河流域生态保护与建设，制定出台《内蒙古自治区贯彻落实〈中华人民共和国黄河保护法〉实施方案》和《内蒙古黄河流域生态环境综合治理实施方案》，编制印发《内蒙古自治区黄河流域生态保护和高质量发展规划》《黄河流域内蒙古段生态廊道建设规划》《“十四五”内蒙古黄河流域生态保护和高质量发展水安全保障规划》。在黄河流域统筹山水林田湖草沙系统治理，采取人工造林种草、封山育林育草等综合措施，宜绿则绿、宜荒则荒，在荒山荒坡种植耐旱植被，严控大面积种植高耗水植被，重点解决黄河“几字弯”地区沙患、水患、盐渍化、农田防护林质量提升、草原超载过牧、河湖湿地保护六大生态问题。2019 年 9 月至 2024 年 6 月，完成林草生态建设面积 4231.84 万亩，水土流失综合治理面积 1833.21 万亩。建立黄河流域省际以及沿黄

持续推进黄河流域系统治理，水土流失情况进一步改善。左图为大黑河，右图为小黑河

盟市横向生态补偿机制，黄河内蒙古段水质连续5年保持在Ⅱ类水平，支流国考断面实现全面消劣。2024年，流域内国考断面水质优良比例77.1%，较2019年提升8.3个百分点。以“一河一策”净化黄河“毛细血管”，成功消除大黑河、小黑河、乌兰木伦河、昆都仑河、龙王沟等黄河支流劣Ⅴ类水体。鄂尔多斯市无定河、乌兰木伦河入选生态环境部美丽河湖优秀案例。经过不懈努力，黄河“几字弯”攻坚战片区人为水土流失得到有效管控，重点地区水土流失得到有效治理，水土流失状况持续改善。内蒙古黄河流域“外在颜值”和“内在气质”正在不断提升，高质量发展动能澎湃。

以主力先锋姿态全面打响“三北”工程攻坚战

“三北”工程于1978年启动，到2020年，总计实施五期工程。其间，内蒙古累计投入56亿元，完成建设任务1.54亿亩，约占全国总建设任务的1/3，在“三北”工程涉及的13个省区市中居首位。2021年“三北”六期工程实施以来，内蒙古完成了7824万亩的建设任务，相当于前五期总建设任务的51%。2023年6月加强荒漠化综合防治和推进“三北”等重点生态工程建设座谈会召开后，内蒙古坚定自觉打主攻、当主力。全区103个旗县（市、区）全部纳入“三北”工程实施范围，全面打响“三北”工程攻坚战三大标志性战役。2024年，完成建设任务2442万亩，占当年全国总建设任务的 45.8%，完成防沙治沙 1954 万亩，以日均治沙 5 万亩的骄人成绩领跑全国。探索建立起多元投入、多方参与的防沙治沙新机制，推广“以工代赈”“先建后补”“先招后补”“以路治沙”等模式，进一步明确农牧民参与防沙治沙的责任、义务和权利，健全完善相关激励约束机制，奏响防沙治沙“大合唱”。2024 年，全区林草领域“双重”项目“以工代赈”带动群众增收 8.5 亿元，实现荒漠化防治、老百姓增收共赢。目前，这一模式在全国范围内得到推广应用。

内蒙古坚持因地制宜、分类施策，在“三北”工程三大标志性战役片区对十二大关键战役作出安排部署，规划到 2030 年完成沙化土地综合治理任务占全国总任务的一半以上。在黄河“几字弯”攻坚战片区，以防风固沙、减少黄河输沙

贺兰山是我国西北干旱地区主要山地之一，位于内蒙古和宁夏交界处，是我国西北地区一道重要的天然生态屏障。图为雨后的贺兰山

量为主攻方向，对黄河安全保卫战、贺兰山生态廊道护卫战、控沙斩源攻坚战、“塞外明珠”保卫战四大战役作出安排部署；在科尔沁和浑善达克沙地歼灭战片区，以阻断沙尘入京和防治风沙危害为主攻方向，对首都沙源歼灭战、沙源分割包围战、增绿提质护卫战三大战役作出安排部署；在河西走廊—塔克拉玛干沙漠边缘阻击战片区，以建设巴丹吉林和腾格里沙漠锁边林草带、阻止沙漠东侵南移为主攻方向，对阻沙汇合阻击战、河西走廊绿洲保卫战、阻沙进城阵地战、阻沙护路攻坚战、军事基地护卫战五大战役作出安排部署。与此同时，积极推进联防联治，与甘肃省签订联防联治框架合作协议，合力打好黄河“几字弯”攻坚战和河西走廊—塔克拉玛干沙漠边缘阻击战；与陕甘宁三省区四地联合签署毛乌素沙地联防联治框架合作协议，与河北、辽宁等地协同推进科尔沁和浑善达克沙地治理，形成同题共答的新格局。

经过持续努力，内蒙古境内分布的巴丹吉林、腾格里、乌兰布和、库布其四大沙漠和毛乌素、浑善达克、科尔沁、呼伦贝尔四大沙地治理均取得明显成效。库布其沙漠构筑起绿化带、淤地坝、光伏治沙带、锁边林 4 道防线，把沙漠和黄河有效隔离开来。过去，鄂尔多斯境内的“十大孔兑”每年向黄河输沙 2700 多万吨，现已降到 400 多万吨，到 2030 年将降到 100 万吨以下。2025 年，库布其沙漠北缘长达 420

公里的沿黄锁边林草带建设进入决战期。这项始于20世纪80年代的世纪工程，即将迎来历史性贯通。与此同时，在库布其沙漠北缘、黄河以南，长400公里、平均宽约5公里、可容纳1亿千瓦装机规模的“光伏长城”治沙带正在加紧建设。通过推行板上发绿电、板下种养殖的“光伏+”治沙模式，每年节约标准煤6000万吨以上，减排二氧化碳1.7亿吨，节水2.5亿吨。到2030年，库布其沙漠1200万亩沙化土地有望实现全面治理。2025年2月28日，阿拉善盟巴丹吉林、腾格里、乌兰布和三大沙漠锁边林草带“合龙”战正式打响，将用半年时间补齐全面“合龙”的最后“缺口”，用总长为1856公

赤峰市翁牛特旗乌丹至白音套海生态旅游产业路入选2023年度全国“十大最美农村路”

里的防沙阻沙带把三大沙漠牢牢锁住。毛乌素沙地治理进度达到80%，浑善达克沙地、科尔沁沙地探索推行“以路治沙”治理模式。2024年，内蒙古建设了31条总长度达510公里的穿沙公路。

在茫茫沙海之中，一片片绿洲正如雨后春笋般不断涌现，一张张由蓝色光伏板拼接而成的壮美画卷正徐徐铺展开来，向世人展示着内蒙古在防沙治沙领域的辉煌成就。

森林、草原保护修复和产业发展齐头并进

内蒙古坚持把握重点、综合施治，大力实施天然林保护工程、退化草原修复工程，着力强化森林、草原保护修复，森林和草原修复面积连续多年占全国总修复面积的1/9左右。

内蒙古大兴安岭林区生态功能区面积10.67万平方公里，其中森林面积8.37万平方公里，生态系统服务功能价值为7857.95亿元/年，森林碳储量17.2亿吨。这片中国面积最大的泰加林，在涵养水源、保育土壤、碳汇制氧、净化环境、保护生物多样性等方面发挥着不可替代的重要作用。2015年全面停止天然林商业性采伐后，大兴安岭林区紧紧围绕转变发展思路和调整产业结构，精准施策、持续用力，推动传统产业改造升级、新兴产业革新突破，切实把资源优势转化为经济优势，努力把“碳库”打造成“钱库”。作为内蒙古大兴安岭重点国有林区生态保护与建设的主体，内蒙古森工集团积极稳妥推进

林业碳汇试点建设，探索生态价值实现机制，碳汇产品交易额累计突破 6000 万元。2023 年以来，内蒙古建立碳汇工作专门机构，推动全区碳汇交易量突破 166 万吨，多途径实现碳汇价值 6000 多万元。重点推进 18 个国家核证自愿减排量（CCER）造林碳汇项目；第十四届全国冬季运动会成为全国首个达成碳中和的冬季综合性体育盛事，为其他大型体育赛事和公共活动提供了可借鉴的碳中和实施模式，打通了“碳票”等地方碳汇产品参与大型活动碳中和的路径。

大力实施天然林保护工程、退化草原修复工程，森林和草原修复面积进一步扩大。图为赤峰市喀喇沁旗的旺业甸国家森林公园

知识链接

国家核证自愿减排量（CCER）

根据《温室气体自愿减排交易管理办法（试行）》的规定，全国温室气体自愿减排交易市场的交易产品为核证自愿减排量。生态环境部可以根据国家有关规定适时增加其他交易产品。2025年3月6日，全国温室气体自愿减排交易市场首批核证自愿减排量完成登记。这是我国自愿碳市场建设取得的重要实质进展，对推动和激励更多行业企业参与绿色低碳发展具有重要意义。自愿碳市场是我国利用市场机制控制和减少温室气体排放的重要政策工具。符合条件的温室气体自愿减排项目，经第三方机构审定与核查、注册登记机构审核后，可将减排量登记为核证自愿减排量，通过全国统一的温室气体自愿减排交易平台开展交易，获得减排收益。

深入落实草原生态保护补助奖励政策，在全国率先出台关于草畜平衡和禁牧休牧的地方法规，并完成基本草原划定和草原确权登记，划定基本草原7.31亿亩。每年3.8亿亩草原落实禁牧制度，5.9亿亩草原落实草畜平衡制度，470万农牧民从中受益。2024年，针对草原过牧问题，出台实施《内蒙古自治区解决草原过牧问题试点方案》，从转变牧区生产经营方式、解决“草源”问题、强化基础能力建设、推进产业发展、提升草原监管水平5个方面，一地一策解决草原过牧问题。17

强化责任担当，细化具体措施，注重因地制宜，草原生态得到有力修复。图为锡林郭勒草原上的羊群

知识链接

草畜平衡指数

草畜平衡指数是衡量草原生态系统健康状况的重要指标。草畜平衡指数（BGLI，Balance of Grassland and Livestock Index）的计算公式为：BGLI = (A − R) / R × 100%。在这个公式中，

BGLI 代表草畜平衡指数，是一个百分数；A 代表实际载畜量，表示草场实际已承载的放牧牲畜数量，通常以羊单位来表示；R 代表合理载畜量，指在草原保持健康的条件下，草场最大可承载的牲畜数量，同样以羊单位来表示。根据草畜平衡指数的大小，可以将草原的放牧状况划分为不同等级，如极度超载、严重超载、超载、载畜平衡和载畜不足等。

个解决草原过牧问题试点旗县在实践中探索出舍饲圈养、规模化集中养殖、冷季异地代养等“减畜”良法，使超载牲畜得到有效分流，草原综合植被盖度全面提高，天然草原草畜平衡指数从 23.9% 降至 10% 以下。在全面总结推广试点经验基础上，印发《内蒙古自治区全面解决草原过牧问题实施方案》，提出如下目标：争取到 2025 年底，天然草原草畜平衡指数降到 10% 以下，基本解决全区草原过牧问题；到 2030 年，天然草原草畜平衡指数全部稳定在 10% 以下，全区草原质量明显提升。

全区各地坚持生态产业化、产业生态化，林草产业发展取得积极成效。2024 年，林草产业总产值再创新高，突破 1000 亿元，较 2023 年的 872 亿元有了较大增长，是 2022 年 603 亿元的 1.7 倍。林草资源“钱库”“粮库”功能持续增强，特色林果、森林食品、木本油料、森林药材、林产饮料等各类经济林产量达 134 万吨，各类饲草产量达 7800 万吨，草种生产能力达 800 万公斤。其中，赤峰市、阿拉善盟、呼和浩特市林草产业总产值均超 100 亿元，阿拉善左旗、和林格尔县、喀喇沁旗等 11 个旗县（市、区）林草产业总产值均超 20 亿元。全区林草产业呈现“一产稳中有进、二产转型加快、三产贡献率显著提高”的发展态势。

坚持生态修复与绿色发展协同推进，林草产业发展成效显著。图为赤峰市阿鲁科尔沁旗人工牧草种植示范基地

持续深入打好污染防治攻坚战

内蒙古坚持精准治污、科学治污、依法治污，保持力度、延伸深度、拓宽广度，深入打好污染防治攻坚战，全力推动

生态环境质量持续改善。

持续打好蓝天保卫战。不断强化大气面源污染治理，加强呼包鄂、乌海及周边地区大气污染联防联控，推进重点地区清洁取暖改造。“十四五”以来，全区累计完成“散乱污”企业排查整治245家，火电机组超低排放改造2143.4万千瓦，完成钢铁、焦化企业超低排放改造16家，淘汰燃煤锅炉707台。完成清洁取暖改造64.01万户。全面推行轻、重型汽车国六b排放标准，实行机动车尾气强制检测与维护制度（I/M制度），国家确定的机动车重点治理区域重型柴油货车远程在线系统安装率达100%。实施重点行业企业绩效分级管理，落实差别化应急减排措施，建立完善重污染天气应急减排清单。全区优良天数比例由2015年的86.2%提高到2024年的90.7%，$PM_{2.5}$浓度由2015年的36微克/立方米下降到2024年的23微克/立方米，空气质量达标城市由2015年的5个增加到2024年的11个。

坚决打好碧水保卫战。紧紧围绕重点流域水生态环境质量改善这一核心，采取控源减排、深度治理、生态扩容等举措，坚决打好碧水保卫战。编制完成黄河、滦河、海河流域（内蒙古段）117条河流“一河一策一图”突发环境事件应急响应方案。以水质改善、水量增加、生态环境质量提高为目标，统筹实施湖泊等生态保护和修复治理工程，“一湖两海”

等重点湖泊水域面积维持在合理区间，呼伦湖、岱海成为国家水生态监测评价试点湖泊，乌梁素海湖心断面水质由劣Ⅴ类提高至Ⅳ类，察汗淖尔获批国家湿地公园。完成 850 个入河排污口整治，自治区级及以上工业园区废水全部实现集中处理，累计依法划定饮用水水源保护区 1255 处。西辽河流域地下水水位总体保持稳定，局部有所回升。2025 年 4 月，西辽河干流水头到达教来河口，与下游有水河道顺利衔接，断流 27 年之久的西辽河干流实现全线过流。地表水国考断面优良水体比例由 2014 年的 57.7% 提高到 2024 年的 80.2%，劣Ⅴ类水体比例由 9.6% 降低至 0.8%。黄河内蒙古段干流水质持续稳定在Ⅱ类，支流国考断面水质实现了全面消劣。出台《内蒙古自治区湿地名录管理办法》，建成各类湿地公园 63 个，

统筹生态保护与修复治理工程，重点流域水生态环境质量明显改善。左图为兴安盟阿尔山国家森林公园内的天池，右图为“地球的心脏”——乌兰湖

其中国家湿地公园 53 个，自治区湿地公园 10 个。第三次国土调查数据显示，全区湿地面积 485.52 万公顷（包括水域面积），居全国第四位。全区共建有国际重要湿地 4 处、国家重要湿地 1 处、自治区重要湿地 63 处。中断繁殖多年的东方白鹳、白枕鹤等国家一级保护动物重新筑巢繁殖。

深入打好净土保卫战。全区受污染耕地安全利用率保持在 98% 以上，重点建设用地安全利用得到有效保障。与北京、天津、河北、山西 4 个省市建立华北地区危险废物联防联控联治合作机制。3 个城市（呼和浩特市、包头市、鄂尔多斯

呼伦贝尔市扎赉诺尔区实施大规模露天煤矿修复工程，对矿坑内土壤、边坡、地下水等生态系统进行重点治理和可持续修复，成效显著。图为修复后的扎赉诺尔矿区

市）列入国家“十四五”时期“无废城市”建设名单。探索市场化运作模式，推进资源化利用，积极做好农村牧区垃圾、污水等治理工作。推进农村牧区“厕所革命”，加强农村牧区改厕工作。各盟市政府所在地公共机构实现垃圾分类全覆盖，5 个旗县（市、区）（兴安盟突泉县、包头市九原区、鄂尔多斯市伊金霍洛旗、兴安盟阿尔山市、阿拉善盟阿拉善左旗）入选全国农村生活垃圾分类和资源化利用示范县。截至 2024 年 10 月，全区 11018 个行政村中实现生活垃圾收运处置体系覆盖的有 8649 个，覆盖率达 78.5%。截至 2024 年底，全区已累计完成 4295 个行政村的生活污水治理，治理（管控）率达到 38.5%。

全力推动绿色低碳高质量发展

内蒙古完整、准确、全面贯彻新发展理念，坚定不移走以生态优先、绿色发展为导向的高质量发展新路子，以改革的思维和方式加快推动经济社会发展全面绿色转型，绘就绿富同行、绿富同兴新图景。

优化国土空间开发格局。强化国土空间规划和用途管控，编制完成各级国土空间规划，建立自治区“四级三类”国土空间规划体系。科学划定并严守“三区三线”，到 2035 年，确保全区耕地保有量不低于 17050 万亩，永久基本农田保护面积不低于 13383 万亩。划定生态保护红线面积 59.69 万平方公里，占全区国土面积的50.46%；划定城镇开发边界885万亩，可基本满足全区城镇建设发展需求。强化生态环境分区管控，制定《内蒙古自治区人民政府关于实施“三线一单”生态环境分区管控的意见》，12个盟市全部编制、发布生态环境准入清单，全面推动“三线一单”成果在项目准入、规划管理等领域应用，形成一张全要素生态环境管理底图，一套三类分区环境管控单元和一份多层级、多维度准入清单。

知识链接

四级三类 三区三线 三线一单

“四级三类”：自治区级、盟市级、旗县级、乡镇级四级行政管理体系，总体规划、详细规划、相关的专项规划三种规划类型。

“三区三线”：城镇空间、农业空间、生态空间三种类型空间所对应的区域，以及对应划定的城镇开发边界、永久基本农田保护红线、生态保护红线三条控制线。

“三线一单”：生态保护红线、环境质量底线、资源利用上线和生态环境准入清单。

深入实施全面节约战略。在全国省级层面率先出台《关于深入贯彻习近平生态文明思想推进全社会资源全面节约集约的指导意见》，构建起以指导意见为主体，以能源、土地、矿产等重点领域专项落实方案为配套的“1+N”政策体系，从节水、节能、节粮、节地、节材等多维度发力，推进资源节约集约利用。建立全国首个省级层面全社会资源节约集约利用评价指标体系，并配套出台实施办法，确定7个领域共56项可量化指标，为全区深入实施全面节约战略提供了科学依据，也为全国资源节约集约利用提供了“内蒙古经验”。内蒙古水资源匮乏，仅占全国水资源总量的1.9%，人均水资源量仅为全国人均水平的2/5，且水资源时空分布极不均衡。为破解这一制约高质量发展的难题，近年来，内蒙古大力推进用水节约，深化用水权改革，持续释放水资源“增值空间”，以更实举措开创节水控水新局面。2025年，将节水行动纳入“六个行动”重大部署，印发《内蒙古自治区节水行动实施方案》，明确了9个方面共30项具体举措，全面提升水资源节约集约利用水平。全力推进批而未供、闲置土地“大起底”。2022年以来，通过消化批而未供土地，实现土地出让金收益255.87亿元，税收达6.74亿元，为自治区高质量发展提供财力支撑；收回闲置土地1.87万亩，收缴闲置费2871.4万元，积极盘活闲置土地资源，服务全区企业2375个，有效带动就业及经济发展，土地利用效率显著提升。加快淘汰化解落后和过剩产能，有序退出钢铁、焦化、铁合金、电石等传统高耗能行业限制类产能。加快能源绿色低碳转型，全力建设新能源全产业链，大力推进煤炭绿色开采和清洁高效利用，不断提升绿色发展能级，2024 年单位 GDP 能耗下降 4% 左右。着力减少粮食机收、运输、加工、储存损耗，2024 年全区粮食产量达 820.1 亿斤，同比增长 3.6%。深入开展节约粮食宣传教育，大力营造“浪费可耻、节约光荣”的社会风尚。

推动能耗“双控”向碳排放“双控”转变。坚持以“双碳”目标为引领，持续加强碳市场管理和低碳城市、气候适应型城市等试点建设。争取国家发展改革委等部门出台支持内蒙古绿色低碳高质量发展 30 条措施，深化生态文明体制改革，以更高水平更高质量做好节能降碳管理，创新建立能耗预算管理制度，制定节能审查能耗强度标杆值政策，优化审批流程，率先实施以源网荷储、园区绿色供电为代表的 6 类新能源市

国家电投集团内蒙古公司南露天煤矿位于霍林郭勒市。近年来，该矿深入推进矿山生态环境综合治理，先后实施了地形重塑、供水系统、水土保持、土壤改良、植被重建及浇灌系统等工程，生态治理成效显著。图为治理后的南露天煤矿

场化模式。碳市场更加成熟，发电行业控排企业全国碳市场履约率99%以上（按履约量统计）。积极融入全国碳排放权交易市场，在全国率先开展并圆满完成火电行业碳排放环境影响评价试点工作。

生物多样性保护和生态文明建设示范创建工作有序推进。建立生物多样性保护厅际联席会议制度，印发实施《内蒙古生物多样性保护战略与行动计划》，完成全区生态系统和野生动植物多样性调查，建立“一站多点”生态监测网络，出台《区域生态质量动态评估技术规范》地方标准。恩格贝生态示范区修复治理、内蒙古调查监测助力我国北方重要生态安全屏障建设入选全国生物多样性优秀案例。包头市、通辽市、鄂尔多斯市、根河市入选全球“自然城市”，鄂尔多斯市同时入选全球“生物多样性魅力城市”。成功创建13个国家生态文明建设示范区、10个“绿水青山就是金山银山”实践创新基地。

积极探索生态文明体系建设

内蒙古牢记习近平总书记嘱托，大胆先行先试，积极探索建立可持续的生态环境保护制度，构建起生态文明体系的“四梁八柱”。健全主体功能区制度、国土空间用途管制制度和以国家公园为主体的自然保护地体系，严格落实生态保护红线制度，构建多维度立体化执法监管体系，守护好中华民族生态建设的“生命线”和增进各族群众绿色生态福祉的“幸福线”。完善自然资源资产产权制度，建立生态保护补偿制度和生态产品价值实现机制，健全资源环境要素市场化配置体系，加快跨区域、跨流域生态补偿制度探索与研究，推动国家森林资源价值核算、草地生态系统生产总值试算和全民所有自然资源资产所有权委托代理机制试点工作，让保护者、贡献者得到实惠。

早在2014年，内蒙古就启动编制自然资源资产负债表、实行领导干部自然资源资产离任审计、建立生态环境损害责任终身追究制3项生态文明制度的改革创新试点工作，对不顾生态环境盲目决策并造成严重后果的严格问责、终身追责。建立健全生态文明建设科学评价体系，鼓励领导干部主动作为，增加生态资产，减少环境负债。深入落实河湖长制、林长制，加快完善目标责任体系。优化生态环境保护督察机制和方法，用好用足自治区党委监督贯通协调平台，形成多部门共同监督合力，维护好各族群众的生态环境权益。

完善社会参与机制，探索建立生态环境领域决策咨询制度、社会听证制度和生态环境信息公开、公众监督举报反馈机制，引导各族群众增强生态环境保护意识，从“要我参与”向“我要参与”转变。充分发挥“两代表一委员”、群团组织在生态文明建设中的作用，及时反映、积极回应人民群众所想、所盼、所急，在制定落实生态环境保护政策时充分保障群众权益。充分发挥政府、企业、社会团体、公众等各类主体作用，一体推进制度集成、机制创新，建立健全环境治理的企业责任体系、全民行动体系、市场体系、信用体系、法规政策体系，不断提升生态环境治理法治化水平，激发全社会共建共治的积极性、主动性，生态环境保护氛围日益浓厚。

积极引导全民有序参与生态保护与建设，倡导绿色生活方式。图为大青山全民健身步道

二、建设祖国北疆安全稳定屏障

内蒙古横跨“三北”、地近首都、内连八省区、外接俄蒙，有 4200 多公里边境线、36 万平方公里边境管理区，占全区

国土面积近1/3，且地广人稀，管控压力大。守好“北大门”和建好“护城河”的责任极为重大、任务极其繁重。

（一）守好“北大门”，建好“护城河”

2014年1月26日，习近平总书记冒着零下30多摄氏度的严寒，顶风踏雪来到内蒙古军区边防某部，登上三角山哨所，亲切慰问戍边官兵，与官兵一同执勤站岗。习近平总书记要求大家坚守战斗岗位，履行光荣使命。他强调，为了祖国人民和平安宁，必须建设巩固的边防。2015年2月16日，习近平总书记又回信勉励官兵：“希望同志们着力加强连队全面建设，推动强军目标在连队、在边防落地生根，为筑牢祖国北疆安全稳定屏障再立新功！”

强化使命担当，筑牢祖国北疆安全稳定屏障。图为三角山哨所

2014年1月27日，习近平总书记来到锡林浩特市宝力根苏木（乡），同牧民们一

起参加冬季那达慕。在传统的“五畜祈福”仪式上，习近平总书记按照蒙古族习俗，用无名指蘸上银碗盛着的鲜牛奶弹了三下，祝福来年风调雨顺，五畜兴旺，人民幸福安康。习近平总书记指出，要始终高举民族团结旗帜，坚持和发扬各民族心连心、手拉手的好传统，深入开展民族团结进步宣传教育，精心做好民族工作。

2018 年，习近平总书记参加十三届全国人大一次会议内蒙古代表团审议时要求“扎实推进民族团结和边疆稳固”，强调“要有效防范化解债务风险，绷紧防范化解债务风险这根弦”。

2019 年，习近平总书记在内蒙古考察时指出，“内蒙古是祖国的‘北大门’、首都的‘护城河’，维护国家安全和边疆安宁，筑牢祖国北疆安全稳定屏障，是你们的重大政治责任”。

2022 年，习近平总书记参加十三届全国人大五次会议内蒙古代表团审议时指出，内蒙古是边疆民族地区，在维护民族团结和边疆安宁上担负着重大责任。要见微知著，增强忧患意识，提高战略思维，有效防范民族工作领域的各种风险隐患，切实筑牢祖国北疆安全稳定屏障。

2023 年，习近平总书记在内蒙古考察时指出，要以“时时放心不下”的责任感抓好安全生产，把制度完善起来，把责任落实下去，尽最大努力防范各类重大安全事故的发生，维护好人民群众生命财产安全。

（二）坚持守土尽责，把祖国北疆安全稳定屏障构筑得坚不可摧

党的十八大以来，内蒙古坚定不移贯彻总体国家安全观，始终站在维护国家安全的高度审视安全工作，以“一失万无”的高度警醒、“滴水不漏”的工作举措，着力推进国家安全体系和能力现代化建设。祖国北疆安全稳定屏障日益稳固，人民群众安全感不断增强。

坚持党政军警民合力强边固防

坚定不移推进稳边固边工作，坚持党政军警民合力强边固防，不断健全边境联防体制机制，构建人防、物防、技防相融合的边境立体化防控体系。

深化党政军警民联勤协作，边境防控体系建设不断深化。图为阿拉善右旗“守边奶奶”尼玛（右）和她的儿子哈达布和在边境巡线

深化党政军警民联勤协作，建立护边员调度和绩效考评制度，

大幅提升护边员数量和补助标准，不断壮大群防群治力量，推动边境防控体系建设不断深化。20 世纪 70 年代，尼玛背着儿子来到阿拉善盟阿拉善右旗塔木素布拉格苏木中蒙边境一线义务巡边。如今，尼玛老人将护边员的接力棒交给了儿子哈达布和，她的孙子也成为边境派出所的一名辅警。和尼玛一家人一样，一批批甘于奉献的各族群众在边境线上守护着祖国的每一寸土地。内蒙古党政军警民携手并肩、勠力同心，筑起国家安全、社会稳定、边境安宁的“三道防线”。

积极推进边防业务与新技术的深度融合，持续加快“数字边境、智慧边境”建设，投入运行执法办案管理中心，率先推行跨境 AGV 无人驾驶通关查验模式。2024 年，内蒙古边检总站将无人机纳入现代化装备体系，构建“查打一体、

近年来，内蒙古出入境边防检查总站全面加强高科技设备的装备使用，大力推进业务技术融合，推动科技兴警向更高层次、更广领域迈进。左图为锡林郭勒边境管理支队使用无人机巡航，右图为鹰巡警航队无人机库

攻防兼备”的警航“空中网”；布建首座无人机库与5个基地，组建5支巡航编队。借助高效的无人机巡航体系，上千公里边境仅需3小时便可完成一次全面巡查，边境地区的预警预防能力显著增强。

探索建立跨区域、跨领域党组织联建共建机制，积极推进边境地区党政军警民联合党支部建设，将基层党委和政府、驻地边防连队、派出所、民兵、边境嘎查、驻地企业紧密联系起来，打破过去部门条块分割壁垒，充分整合各部门资源，延伸边境党建工作的触角，打通服务群众的“最后一公里”。

进一步完善边境地区“网格化”管理体制机制，在59个抵边苏木乡镇、578个抵边嘎查划分1519个网格的基础上，

持续巩固党政军警民合力强边固防。图为阿拉善盟军警民共建边防、同守家园

分类施策，探索推行以草原110、戍边警务室、蒙古包哨所、“牧民哨兵”、红色堡垒户等为载体的边境管理模式，构筑人人是哨兵、家家是哨所、村村是堡垒的红色边境线，实现“网格全覆盖、管理无盲区、服务零距离”。

深入推进固边兴边富民行动

近年来，沿边地区基本公共服务和重大基础设施保障水平不断提高，边境地区人口“空心化”及“水电路讯”不畅通等问题得到有力解决，初步营造了“拴心留人”的良好环境，吸引各族群众到边境地区置业安居、守边戍边。

2023年11月30日，自治区第十四届人大常委会第七次会议通过《内蒙古自治区促进边境地区高质量发展条例》，统筹推进民族团结、生态保护、边境安全与经济发展的体制机制创新，出台差异化扶持优待政策，对符合政策要求、带动作用强的产业和项目，从规划引导、项目安排、要素配置和财税扶持等方面给予重点支持，增强边境地区高质量发展内生动力。2022年、2023年，自治区分别下达中央及自治区本级少数民族发展资金6.77亿元、7.14亿元。2024年，累计下达中央及自治区本级少数民族发展资金7.22亿元，其中向20个边境旗县（市、区）下达少数民族发展资金2.68亿元，占资金总额的37.12%。资金重点用于支持新时代兴边富民行动、宜居宜业和美乡村建设、民族手工业融合创新发展、困难群众饮用低氟边销茶等。从 2023 年开始，内蒙古全面开展边境地区“水电路讯”基础设施建设三年行动，计划用 3 年时间投资 181 亿元，完成“水电路讯”基础设施军地一体化建设。截至 2024 年底，在边境地区建成水源井 1775 眼，铺设供水管网 205 公里，新建改造供电线路 6985 公里，给 10505 户农牧民安装风光互补设备，贯通各等级公路 1027 公里，新建边疆基站 302 座，铺设光缆 4358 公里，边防哨所实现移动信号 100% 覆盖，331 国道 4G 信号覆盖率由 47% 提升至 82%。截至 2025 年 2 月，全区 131 个边境自然村邮

深入推进固边兴边富民行动，贯通区域各等级公路，为带动沿线经济发展、文化交流铺就通途。图为 331 国道额济纳段

政普遍服务实现全覆盖。

持续推动边境地区发展，一方面实施“输血式”帮扶策略，一方面全力激发“造血式”内生动力。加快推进兴边富民行动中心城镇建设试点工作，提高抵边一线城镇产业支撑和人口集聚能力。阿拉善左旗、额济纳旗、乌拉特后旗、达尔罕茂明安联合旗、东乌珠穆沁旗、二连浩特市、阿尔山市、额尔古纳市、陈巴尔虎旗、新巴尔虎左旗、新巴尔虎右旗和满洲里市充分发挥口岸带动作用，根据地区实际链接外部资源，构建纵向联动和横向联动格局，在国内国外两个“边”、边境与腹地之间实现资源共享、产业共建，吸引更多人才到边

阿拉善盟把沙漠生态劣势变为资源优势，依托梭梭林等丰富的沙生植物资源，向沙漠要绿色、要效益，因地制宜发展肉苁蓉、锁阳、沙地葡萄、文冠果等特色沙产业，实现生态治理和经济发展共赢。图为农牧民规范种植梭梭、嫁接肉苁蓉

境地区创业、更多人口到边境地区置业安居。内蒙古各级党委、政府整合相关专项资金集中投入，强化兴边富民特色产业发展政策引领，发挥龙头企业的带动作用，结合实际带动边境牧民群众积极参与沙、草、林、驼、奇石等优势特色产业的经营。依托边境地区自然景观和特色文化优势，打造边境特色旅游品牌，提高边境旅游服务能力，支持边境地区创建全域全季旅游示范区，推动旅游业差异化协同发展，鼓励边境牧民群众就地创业就业，让边境地区群众获得感成色更足、幸福感更可持续、安全感更有保障。

积极构建社会治理新格局

不断提升社会治理效能，以市域社会治理现代化试点工作为牵引，建设人人有责、人人尽责、人人享有的社会治理共同体。通过完善网格化管理、精细化服务、信息化支撑的基层治理平台，构建以预防为主的公共安

充分调动各方力量，不断提升社会治理效能。图为呼和浩特市赛罕区人民法院巡回法庭深入基层推动矛盾纠纷源头化解

全治理模式，加强安全风险监测预警体系和突发事件应急能力体系建设。不断加大对社会组织和市场主体参与社会治理的支持力度，完善志愿者服务激励、权益保障与救济机制，切实增强做好新时代见义勇为工作的责任感、使命感。

持续完善大平安体系，健全平安建设考评机制，制定行业部门平安建设权责清单，积极推进平安中国建设示范市县创建，因地制宜开展平安地区、平安行业、平安单位创建活动，推动扫黑除恶常态化，全社会安全感持续提升。2024 年以来，命案现案破案率、积案库存下降率保持全国前列，电诈案件立案数量、损失金额实现“双下降”，人民群众安全感满意度达 98.3%。充分发挥审判、执行职能作用，完善产权保护、助企纾困、社会信用、文化建设等方面的司法举措。坚持以人民为中心，以“如我在诉”意识办好每一起民生案件，切实解决执行难问题，让人民群众司法获得感更强。

持续开展“獴猎”专项行动，有效提升打击妨害国（边）境管理违法犯罪能力，边境地区违法犯罪警情、八类案件、治安案件发生率均呈下降趋势。1 个边境旗（呼伦贝尔市陈巴尔虎旗）、2 个边境镇（包头市达尔罕茂明安联合旗满都拉镇、锡林郭勒盟东乌珠穆沁旗嘎达布其镇）获评全国首批平安边境模范县市和模范乡镇。

不断加强社会矛盾风险源头防范治理

坚持和发展新时代“枫桥经验”，充分发挥人民调解维护社会稳定“第一道防线”作用，把群众身边的问题解决好，保障人民安居乐业、社会安定有序。制定“四下基层”16条措施，推动党员干部进百姓门、访百姓情、解百姓忧。严格落实重大决策社会稳定风险评估制度，做好重大不稳定问题排查化解工作。以社会治安综合治理中心规范化建设为抓手，推动矛盾纠纷化解“一站式受理、一揽子调处、全链条解决”，实现群众矛盾纠纷化解只进“一扇门”，及时把矛盾纠纷化解在基层、化解在萌芽状态。全面贯彻实施《信访工作条例》，推动落实各级领导干部常态化接访、下访、包案、阅信机制。全面推进信访工作法治化，构建形成五级双向贯通信访代办体系，信访代办各类事项办结率达90%以上，一大批群众急难愁盼事项在成访前得到及时就地解决。2024年，全区四级信访总量同比下降46.5%，人民群众的满意度不断提高。

知识链接

四下基层

“四下基层”即宣传党的路线、方针、政策下基层，调查研究下基层，信访接待下基层，现场办公下基层。这是习近平总书记在福建宁德工作时大力倡导并身体力行的工作方法和工作制度。

知识链接

五级双向贯通信访代办体系

内蒙古健全以基层党员干部为主的“代”的工作体系，及时受理并转送、跟踪、督促办理群众的各类诉求；完善由各级职能部门组成的“办”的工作体系，对群众诉求快速响应、高效办理，畅通群众诉求“自下而上”提级代办、重点事项“自上而下”指定代办的路径，构建形成条块贯通、上下联动的信访代办工作体系。

抓好政府债务化解和金融领域风险防范工作

过去一个时期，内蒙古一些地方不顾财政承受能力盲目铺摊子、上项目，沉迷于走高负债保增长的路子，积累了大量风险隐患。2017 年以来，习近平总书记多次就内蒙古的政府债务问题作出重要指示，在关键时刻给我们打了“清醒剂”、踩了“急刹车”。内蒙古深入贯彻落实习近平总书记关于防范化解地方债务风险的重要指示批示精神，统筹责任体系，坚决扛牢政治责任；统筹政策资源，“真金白银”推动化债减债；统筹发展与安全，守好风险底线，促进高质量发展；统筹财政管理，汇集各类资源，推动化债工作取得积极进展。

妥善处置原包商银行、新时代信托风险，稳妥推进中小银行风险处置、资本补充，加强风险源头管控，整治各种金融乱象，完善金融风险应急处置机制，科学防范金融风险。2024年，地方金融机构高风险机构压降80%。坚持“减存遏增”，落实一揽子化债方案，采取贴息一批、清零一批、退橙一批、纾困一批的有效措施，支持基层化债。2024年，统筹推进防风险、强监管、促发展，推动资金下沉，拿出120.6亿元支持基层化债，兜牢基层“三保”（保基本民生、保工资、保运转）底线。地方政府融资平台压降66.5%，8个旗县隐性债务清零，1个盟市本级和10个旗县有望退出高风险等级，全区债务风险有望实现降级。

压实各级政府偿债主体责任，建立健全长效监管机制，清除隐性债务形成的土壤环境，切实织牢织密债务风险“防护网”。2023年，在全国率先发行特殊再融资债券663.2亿元，全部用于偿还政府负有偿还责任的拖欠企业账款。为落实国家一揽子化债政策，促进经济高质量发展，2025年2月，自治区财政厅以公开招标方式成功发行2025年度首批自治区政府再融资债券649亿元。其中，572亿元用于置换存量隐性债务，77亿元用于偿还到期政府债券本金。本批次再融资债券的成功发行，有效优化了债务期限结构，显著降低了未来的利息支出成本，有助于缓解基层财政化债压力，让基层政府腾出更多精力和财政资源促发展、保民生。

全力防范化解重大安全风险

内蒙古始终将安全生产作为头等大事来抓。各级党委、政府深刻汲取“2•22”事故教训，牢记“学费不能白交”，狠抓安全生产，强化治本攻坚，全力防范化解重大安全风险，统筹推进防灾减灾救灾。出台实施防范遏制重特大事故135条硬措施和“三管三必须”若干规定，2023年滚动进行3

知识链接

三管三必须

《中华人民共和国安全生产法》第三条规定，安全生产工作实行管行业必须管安全、管业务必须管安全、管生产经营必须管安全，强化和落实生产经营单位主体责任与政府监管责任，建立生产经营单位负责、职工参与、政府监管、行业自律和社会监督的机制。

2023年11月21日，《内蒙古自治区“管行业必须管安全 管业务必须管安全 管生产经营必须管安全”若干规定》正式施行。该规定明确了各级政府主要领导、分管领导安全生产职责和自治区政府领导班子成员安全生产工作任务。针对实际工作中存在的行业管理部门职责不清的问题，对44个自治区有关部门和中央驻区部门的安全生产职责进行了细化。按照“业务业态相近”“谁主管谁牵头、谁为主谁牵头、谁靠近谁牵头”的原则，明确了校外培训机构、加气站、加氢站、户外露营基地、网红公路等部分职能交叉和新兴行业领域监管部门，消除监管空白和责任盲区。对安全生产责任履行不到位的，要依规依纪依法严肃追责问责，确保安全生产工作各项部署要求落到实处。

轮大排查大整治，深入开展重点领域专项整治和交叉互检。2024年，启动实施安全生产治本攻坚三年行动，常态化开展矿山、危险化学品、工贸、建筑施工、交通运输、城镇燃气、消防等重点行业领域安全隐患排查整治工作，持续推动重大事故隐患动态清零，着力防范化解重大安全风险。生产安全事故起数和死亡人数保持“双下降”，同比分别下降18.3%、25.4%，比2019年分别下降52.9%和59.0%，未发生重特大生产安全事故。防灾减灾救灾取得重大胜利，各类自然灾害受灾人次同比下降12.5%。57起雷击森林火灾均在短时间内扑灭，为全国提供了可借鉴的经验和样板。

三、建设国家重要能源和战略资源基地

高质量建设国家重要能源和战略资源基地是内蒙古必须扛起的重大政治责任，对于实现碳达峰碳中和目标、推动经济高质量发展、扎实推进共同富裕具有重要战略意义。

（一）把现代能源经济这篇文章做好

2014年，习近平总书记在内蒙古考察时指出，把资源型产业发展的重点放在资源转化增值上，改变简单的挖煤卖煤、挖土（稀土）卖土的粗放型资源开发模式；强调立足有色金属、装备制造、稀土产业等方面的基础和优势，形成具有旺盛活力和持续竞争力的新经济增长点。

2018年，习近平总书记参加十三届全国人大一次会议内蒙古代表团审议时指出，内蒙古是国家重要能源和战略资源基地，要把现代能源经济这篇文章做好。

2019年，习近平总书记参加十三届全国人大二次会议内蒙古代表团审议时指出，内蒙古实现高质量发展，要立足本地资源禀赋特点、体现本地优势和特色，不能简单同东部发达地区攀产业、比结构、赛速度。

2021年，习近平总书记参加十三届全国人大四次会议内蒙古代表团审议时强调，要找准内蒙古在全国构建新发展格局中的定位，深入分析自己的优势领域和短板不足，进一步明确经济发展的重点产业和主攻方向，推动相关产业迈向高端化、智能化、绿色化，因地制宜发展战略性新兴产业和先进制造业，统筹推进基础设施建设。

2023年6月7日，习近平总书记来到呼和浩特中环产业园考察，听取了发展新能源新材料产业、促进产业结构优化调整、推动绿色低碳发展等情况介绍，又到生产车间实地察看了产品生产流程，详细了解了园区企业半导体和光伏材料等产品的研发生产情况。习近平总书记强调，坚持绿色发展是必由之路。推动传统能源产业转型升级，大力发展绿色能源，做大做强国家重要能源基地，是内蒙古发展的重中之重。在这方面内蒙古方向明确、路子对头、前景很好，大有作为、大有前途。离开园区时，习近平总书记亲切地对前来欢送的企业员工说："你们企业和园区办得不错，看了感到很提气。现在，我们要靠高水平科技自立自强、构建新发展格局来攻克科技难关。"

大力发展绿色能源，促进传统能源产业转型升级。图为呼和浩特中环产业园光伏材料生产车间

（二）着眼培优增效，把国家重要能源和战略资源基地建设得势强劲足

党的十八大以来，内蒙古紧紧围绕建设国家重要能源和战略资源基地的战略定位，紧跟世界能源技术革命新趋势，优化调整能源产业结构，延伸能源产业链条，提高能源综合利用效率，加快构建多种能源协同互补、综合利用、集约高效的能源供给体系。坚持煤电油气风光并举、新旧能源协同

互补，着力构筑多能互补、多业并进、多元发展的能源产业格局。加速形成多元发展、多极支撑的现代稀土产业体系。坚持因地制宜发展新质生产力，“追风逐日”“绿电”赋能美丽中国建设，全力推动内蒙古由化石能源大区向清洁能源大区转变，国家能源和战略资源基地建设步履铿锵。

坚决维护国家能源安全，牢牢守住能源供应安全底线

内蒙古煤炭探明储量居全国第一，产量占全国的1/4、全球的1/8，肩负着保障国家能源安全的使命任务。2012—2024年，内蒙古端稳“能源碗”，牢牢守住能源供应安全底线，能源工业“压舱石”作用凸显。13年来，全区累计生产煤炭超136亿吨、发电达6.78万亿千瓦时，外送煤炭、外送电量连续多年领跑全国，为国家能源安全作出“内蒙古贡献”。

不断加大油气资源勘探开发和增储上产力度，大力促进煤炭资源清洁高效、规范有序开发利用，高水平建设鄂尔多斯国家级现代煤化工示范区，已建成全国规模较大、品类较全的现代煤化工生产示范基地，年转化原煤超1亿吨。2024年，原油产量为199.5万吨，天然气产量为310亿立方米，合计原油当量为2669.62万吨，居全国第七位。苏里格气田作为我国陆上最大的整装气田，2024年继续保持300亿立方米高产稳产态势。内蒙古天然气超60%输往区外，为保障国家油气安全作出了积极贡献。

内蒙古地域辽阔，油气资源丰富，开发利用前景广阔，油气产供储销全产业链基本完善。图为长庆油田苏里格气田

2024 年，能源领域在煤炭保供量及外送量、电力总装机及新增装机、新能源总装机及新增装机、总发电量及外送电量、新能源发电量、煤制气产能 10 项指标继续保持全国第一的基

础上，又新增5个全国第一，即煤炭产量、新型储能装机规模、绿电交易规模、煤制气产量、绿氢产能，在保障国家能源安全中尽显“内蒙古担当”。

坚持新发展理念，在新能源领域再造一个“工业内蒙古”

内蒙古风能、太阳能资源富集，是国家重要的清洁能源发展基地之一。风能资源技术可开发量14.6亿千瓦，约占全国可开发总量的57%；太阳能资源技术可开发量94亿千瓦，约占全国可开发总量的21%。“风光无限”为内蒙古新能源发展提供了广阔空间。据测算，内蒙古风光资源技术可开发

充分发挥资源优势，大力发展清洁能源。图为灯笼河草原上的风力发电机

量相当于480个三峡电站发电量，是当前全国总发电装机容量的4倍。发展新能源产业，既是内蒙古充分发挥资源优势的最优选择，也是全国能源一盘棋指导下的历史重任。

2023年，自治区党委、政府提出努力为国家提供更为稳定、更加安全、更加绿色的能源供给，在新能源领域再造一个“工业内蒙古”。全区上下围绕“两个率先”“两个转变”“两个超过”目标，着力推进新能源大规模开发和高水平消纳，紧抓快干建设新能源全产业链。2024年，全区新能源装机规模达到1.35亿千瓦，是2023年9323万千瓦的1.45倍，是“十四五”初期新能源装机规模的2.7倍。新能源电力领域多项指标领跑全国、实现新突破，成为全国首个新能源发电装机规模突破1亿千瓦的省区，提前一年实现新能源装机规模超过火电装机规模的目标，新能源成为主力装机电源，

知识链接

“两个率先”“两个转变”“两个超过”目标

要在全国率先建成以新能源为主体的能源供给体系，率先建成以新能源为主体的新型电力系统；要由化石能源大区转变为清洁能源大区，由过去简单的发电卖电转变为向全产业链发展；到2025年新能源装机规模超过火电装机规模，到2030年新能源发电量超过火电发电量。

进一步稳固了新能源产业全国领先地位，在构建新型电力系统方面迈出了历史性的关键一步。2024 年，绿电交易试点工作全面推开，区内绿电交易累计结算电量达 762.2 亿千瓦时，交易规模居全国第一位，在全国率先开展跨省特高压绿电交易，累计与北京、天津、江苏交易绿电量达 13.5 亿千瓦时。仅 2025 年 1—2 月，内蒙古通过特高压电网送入首都的绿电就超过 10 亿度，相当于 30 万户居民一年的用电量。

一手抓新能源开发建设，一手抓装备制造、运维服务等关联配套产业发展，以新能源带动新工业，努力形成集聚效应和规模效应，新能源产业由以发电为主体的投资结构向新能源装备制造全产业链延伸拓展，“风光氢储”四大产业集群和“呼包鄂通”四大装备制造基地强势崛起。2023 年，新能源装备制造业增加值较 2022 年增长 11.4%，新能源制造业投资额较 2022 年增长 150%。2024 年，规模以上新能源及相关产业增加值较 2023 年增长 20.1%，其中新能源装备制造业增加值增长 42.4%；30 余家新能源“链主”企业落户内蒙古，形成风电整建制配套能力 500 万千瓦、光伏组件供给能力 3050 万千瓦。2024 年，氢能装备碱性电解槽 550 台（套），储能装备可满足 1700 万千瓦时装机需求。充分利用新能源制氢成本低和应用场景丰富等优势，以燃料电池、电解水制氢系统为双核心，加快构建制氢、氢存储、氢运输、加氢站、氢燃料电池“五位一体”的氢能产业体系，积极推进氢能产业提速、扩量、成链，促进氢能产业规模化、集群化、高端化发展，已经成为全国风光制氢项目重要建设地区。2023 年，全国首个万吨级光伏制氢示范项目在鄂尔多斯市准格尔旗建成，世界首条固态低压储氢生产线投运，全球最大的绿氢耦合煤化工项目开工建设，乌兰察布至燕山石化输氢管道项目纳入《石油天然气“全国一张网”建设实施方案》。在乌兰察布风电场，风机转动间，绿电正被电解为绿氢，绿氢可通过输氢管道，由商都县送至燕山石化，用于部分替代现有以天然气为原料生产的灰氢。

全力推动稀土产业向宽领域、高端化迈进。图为国家稀土功能材料创新中心研发的全国首台套可调压固态储氢系统示范装置

充分利用“头上有风光，脚下有煤炭，手中有电网”的特有优势，逐步探索出一条保障性与市场化并重、大基地与分布式共存、本地消纳与电力外送协同的发展路径。持续优化新能源项目前期手续办理流程，以前瞻性思维谋划配套电网工程，全力加快新型储能等调节性电源建设进度。截至2025年3月，全区市场化新能源项目并网规模成功跨越1000万千瓦大关。在全国率先实施一批零碳低碳园区建设、市场化并网新能源项目，制定工业园区绿电替代、全额自发自用新能源、风光制氢一体化等6类市场化新能源项目实施细则。出台支持新能源和电网建设13条措施、支持新型储能发展若

知识链接

头上有风光，脚下有煤炭，手中有电网

“头上有风光”，指内蒙古风能、太阳能资源丰富。从可开发量看，内蒙古风能资源占全国一半以上，太阳能资源占比超过1/5。

“脚下有煤炭”，指内蒙古煤炭储量丰富、火电机组规模大。运用稳定可靠的调峰手段，支撑新能源大规模、高比例使用。

“手中有电网”，指内蒙古拥有全国第三大电网——蒙西电网，距离负荷中心近，输电成本低，能够提供“绿色电、便宜电、可靠电”。

干政策、促进新能源消纳23条措施，全面完善促进新能源发展的政策体系，提高新能源整体消纳能力，推动新能源大规模开发和高效利用，保障新能源“发得出”“用得好”。2025年，内蒙古将坚持外送和本地消纳并重，内外协同推进新能源大规模消纳，确保新能源利用率保持在90%以上。

内蒙古现代能源产业集群高质量发展的壮美画卷正在徐徐展开：依托大型风电基地建设带动效应，打造风能产业集群，形成以呼包鄂和通辽市、乌兰察布市、巴彦淖尔市为龙头的风机制造与运维服务产业；依托光伏发电基地建设，以硅产业布局为核心打造光伏产业集群，形成以呼和浩特市、

依托大型风电光伏基地建设，推动现代能源产业集群高质量发展。图为通辽市龙马集团风电装备制造基地

包头市为龙头的光伏装备制造产业；依托风光制氢成本低和矿用重卡应用广的优势，打造氢能产业集群，形成以包头市、鄂尔多斯市、乌海市为龙头的氢能制取和燃料电池零部件制造产业；瞄准新能源基地建设、偏远地区供电保障、“源网荷储”一体化发展对储能的大规模需求，培育储能产业集群，形成以呼和浩特市、包头市、鄂尔多斯市为龙头的储能装备制造与技术研发服务产业。

按照自治区党委十一届九次全会暨全区经济工作会议部署，2025 年，内蒙古将继续秉持紧抓快干的态度推进新能源发展，加快推进“沙戈荒”大基地建设、防沙治沙和风电光伏一体化工程等重点项目，力争新增新能源并网装机 4000 万千瓦，新能源总装机规模超过 1.7 亿千瓦，为全国科学规划、有序建设新型电力系统贡献“内蒙古方案”。预计到 2030 年，内蒙古新能源发电量将超过火电发电量，为我国碳达峰碳中和作出“内蒙古贡献”。

坚持高质量发展，推动战略资源转化利用

作为一种稀缺的、不可再生的资源，稀土被称为“工业黄金”和“新材料之母”，是国家重要战略资源。白云鄂博矿是全球最大的稀土矿，也是世界上少有的全稀土元素矿。

近年来，内蒙古聚焦全国最大的稀土新材料基地和全球领先的稀土应用基地建设，全力推动稀土资源保护性开发、

高质化利用、规范化管理，持续提升稀土原材料生产能力、功能材料生产应用能力、创新研发能力、辐射带动能力，稀土产业从无序走向有序、从分散走向集约、从低端走向高端。建成国内最完整的稀土产业链条和产业体系，形成完备的稀土领域技术创新体系，拥有全国近 1/3 的稀土领域科技人员。2024 年，稀土新材料集群获评国家级先进制造业集群，其中规模以上稀土产业增加值同比增长 39.9%，稀土行业产值突破千亿元大关。

内蒙古包头市作为“世界稀土之都”，稀土储量和冶炼分离产能均居世界第一位，截至 2024 年底，有稀土企业 245

完备的产业链，领先的技术创新体系，让稀土产业在高质量发展之路上稳步前行。图为中国北方稀土（集团）高科技股份有限公司生产车间

家（包括配套企业23家）、规模以上工业企业103家、国家高新技术企业70家，拥有全球最大的稀土生产企业和全球最大的抛光粉生产企业。综合实力全国前十强磁材企业有7家落户包头，2家民营稀土企业成功上市，多家稀土企业进入拟上市企业梯队。稀土就地转化率保持在80%以上。2024年，磁性材料领域实施了20个项目，产能全国第一；储氢材料、抛光材料、催化助剂材料产能保持全国第一。全区稀土新材料产能达到29.08万吨，综合规模位居全国第一。

内蒙古在“两个稀土基地”建设上迈出坚实步伐，正在以前所未有的力度、前所未有的速度，推动稀土产业真正从“挖土卖土”走向“点土成金”、从“世界级储量”走向“世界级产业”。

坚决落实找矿突破战略部署，增强能源和资源安全保障能力

“十四五”以来，内蒙古高度重视地质找矿工作，持续加大找矿投入，积极推进新一轮找矿突破战略行动。2021—2024年，自治区财政共投入18.6亿元，在央地国企的密切协同配合下，围绕能源资源基地、重点调查区和重点勘查区等重点区域，部署地质勘查项目352个，新发现金、铜、钼、钨、萤石、银、铅、锌等矿种在内的矿产地26处，超额完成国家下达的战略性矿产增储任务。

知识链接

内蒙古是国家重要能源和战略资源基地，已查明资源储量矿产149种，其中，煤炭、稀土、普通萤石、锆、铌5类矿产资源保有储量居全国首位，钼、晶质石墨、锡、铌钽、铟、锗6类矿产资源保有储量居全国第二位，磷矿资源保有储量居全国第三位，金、锂2类矿产资源保有储量居全国第四位。矿业发展潜力巨大，目前基本形成地质调查、勘查、采选、冶炼、加工、应用产业链条，具有将规模、市场、技术优势转化为战略优势的重要基础。

2024年，战略性矿产资源增储工作再创佳绩，铁矿石新增资源5.91亿吨，金新增资源80.6吨，钼新增资源5.24万吨，萤石新增资源1189.13万吨。此外，优势矿产中，煤炭新增资源127.59亿吨，银新增资源513.27吨，铅新增资源22.21万吨，锌新增资源70.71万吨，铟新增资源397吨，叶蜡石新增资源177.2万吨，芒硝新增资源218.8万吨。

稳步推进煤炭、稀土等16处能源资源基地及70处国家规划矿区建设。不断加大矿业权出让力度，增加矿业权市场投放数量，全面推进矿业权市场化出让。截至2024年10月，完成61宗矿业权市场化出让，总成交价近190亿元。2025年，自治区财政继续投入专项资金7.5亿元，用于新一轮找矿突破战略行动。

内蒙古切实担起保障国家能源资源安全的重任，不断实现重要矿产资源增储上产，为经济高质量发展提供有力的矿产资源保障。

四、建设国家重要农畜产品生产基地

内蒙古是全国 5 个耕地保有量过亿亩的省区之一，也是国际公认的优质畜牧区、黄金奶源带。高质量建设国家重要农畜产品生产基地，是习近平总书记赋予内蒙古的使命任务。

（一）推动农牧业高质量发展

2014 年，习近平总书记在内蒙古考察时强调，要加快传统畜牧业向现代畜牧业转变步伐，探索一些好办法，帮助农牧民更多分享产业利润效益，真正同龙头企业等经营主体形成利益共同体。

2019 年，习近平总书记在内蒙古考察时，要求我们“推动农牧业发展向优质高效转型”，“坚持宜粮则粮、宜牧则牧、宜林则林，不断优化农牧业区域布局和生产结构，建设若干特色农畜产品产业带”。

2021 年，习近平总书记参加十三届全国人大四次会议内蒙古代表团审议时指出，要发展优势特色产业，发展适度规模经营，促进农牧业产业化、品牌化，并同发展文化旅游、乡村旅游结合起来，增加农牧民收入。

2023年，习近平总书记在内蒙古考察时强调，要发挥好农牧业优势，从土地、科技、种源、水、草等方面入手，稳步优化农牧业区域布局和生产结构，推动农牧业转型发展，大力发展生态农牧业，抓好农畜产品精深加工和绿色有机品牌打造，促进一二三产业融合发展，推动农牧业高质量发展。

（二）着力提质增量，把国家重要农畜产品生产基地建设得量大质优

党的十八大以来，内蒙古坚决扛起保障国家粮食安全的政治责任，聚焦“扩大数量、提高质量、增加产量”，以稳定、安全、绿色为核心，紧扣“地水种技、粮肉乳草、链服融改”12个重点，高质量推进高标准农田建设，加大黑土地保护和利用力度，科学合理利用水资源，不断优化农牧业产业结构，持续提升农畜产品综合生产能力，有力推动国家重要农畜产品生产基地建设。内蒙古羊肉、牛肉、牛奶、羊绒产量均居全国第一位，为全国贡献了约1/5的羊肉、1/10的牛肉、1/5的牛奶和1/2的羊绒。每年有一半以上粮食调往区外、供应全国，每年稳定向区外调出600万吨以上牛奶、150万吨以上肉类，是国家名副其实的“粮仓”“肉库”“奶罐”，为保障国家粮食安全、丰盛“中国碗”作出了贡献。

基础保障越来越实

近年来，内蒙古坚持深耕高标准农田建设、黑土地保护、盐碱地改良“一块田两块地”，持续夯实农业基础，粮食产量不断迈上新台阶。2012 年，粮食产量为 505.6 亿斤，人均粮食年占有量首次突破 2000 斤大关。2016 年，粮食作物播种面积首次突破 1 亿亩大关。2024 年，粮食产量达到 820.1 亿斤，首次突破 800 亿斤大关，实现“二十一连丰”，连续 4 年稳居全国第六位。

高标准农田建设。系统总结 7 类 14 种典型高标准农田建设模式，因地制宜推进高标准农田建设，让以往不宜耕作的“巴掌田”“陡坡地”，变成宜机宜耕、稳产高产的“整片田”。

持续夯实农业基础，推进高标准农田建设。图为兴安盟科尔沁右翼中旗杜尔基镇双金嘎查万亩稻田基地

截至2024年底，累计建成高标准农田6005万亩，占全区总耕地面积的35%，占全区永久基本农田面积的45%。2024年4月24日，印发《关于高质量推动高标准农田建设的通知》，要求学习运用“千万工程”经验推动全区高标准农田建设数量、质量双提升，确保到2032年率先将符合条件的永久基本农田全部建成高标准农田。

知识链接

千万工程

“千村示范、万村整治”工程，简称“千万工程”，是浙江省“绿水青山就是金山银山”理念在基层农村的成功实践。浙江省从农村环境整治入手，由点及面、迭代升级，经过20年持续努力，造就了万千美丽乡村，造福了万千农民群众，创造了推进乡村全面振兴的成功经验和实践范例。

黑土地保护性耕作。自2020年实施东北黑土地保护性耕作行动计划以来，内蒙古在东部4个盟市34个旗县（市、区）统筹推进黑土地建设、黑土地保护利用示范、保护性耕作、有机肥还田、侵蚀沟治理五大工程，累计保护黑土耕作面积8080万亩次，黑土耕地“薄、瘦、硬”三大难题得到有力解决，初步构建起在保护中利用、以保护促利用的可持续发展格局。全区现已创建10个保护性耕作整体推进县，打造47个县级、

112 个乡级、30 个村级高标准应用基地。阿鲁科尔沁旗、科尔沁左翼中旗、扎鲁特旗、科尔沁右翼中旗 4 地典型案例入选东北黑土地保护性耕作应用典型案例（第一批）。2024 年，全区新安装 1.8 万台套作业监测设备，保护性耕作实施面积达到 2890.93 万亩。

盐碱地改良利用。内蒙古 2235 万亩盐碱耕地和 4524 万亩盐碱荒草地，是作物产量下降、生物多样性减少、土地荒漠化的原因之一。2019 年，印发《内蒙古自治区 2020 年盐碱化耕地改良实施方案》，将盐碱化耕地改良作为重要工作

充分利用盐碱地种植耐盐碱作物，带动村民增收致富。图为鄂尔多斯市达拉特旗改良后的盐碱地收割作业现场

部署推进。2020—2022年，投资3.65亿元，在“三大灌区”的6个旗县开展盐碱化耕地改良试点，面积12.2万亩。2023年，内蒙古被纳入国家盐碱地等耕地后备资源综合利用试点范围。2024年，在巴彦淖尔市五原县、通辽市科尔沁左翼中旗、鄂尔多斯市达拉特旗3个旗县开展盐碱地综合利用试点，面积6.6万亩。2017年以来，针对不同区域耕地盐碱化的原因及程度，分区域推进盐碱化耕地综合利用，累计面积370万亩。制定耐盐碱作物（牧草）高产栽培、土壤改良等地方标准17项，筛选出适宜不同区域种植的耐盐碱作物品种13个。通过试点示范，探索总结出适宜全区盐碱化耕地综合利用的可复制、可推广的技术模式，为全区乃至全国提供了示范样板。

2024年，全区粮食播种面积1.05亿亩，比上年增加40.6万亩，已连续9年保持在1亿亩以上，稳居全国第五位；已连续7年实现正增长，增量居全国第三位。粮食增产28.5亿斤，占全国增量的12.9%，增量居全国第三位。粮食作物单产每亩达到390公斤，比2023年提高约12公斤，比2013年提高约63公斤。粮食生产呈现面积、总产、单产“三增”的良好态势，“中国碗”里“内蒙古粮”的分量更重、成色更足。

发展韧性越来越强

聚焦玉米、奶业、肉牛、肉羊、羊绒、马铃薯、饲草重点产业链，推进产加销、贸工农一体化发展，抓好农畜产品

全力推动现代农牧业发展，着力推进重点产业链建设。图为乌兰察布市四子王旗国家马铃薯良种繁育基地

精深加工和绿色有机品牌打造，着力“延链、补链、强链”，用链式思维、工业化思维构建绿色低碳农牧业产业链。创建国家优势特色产业集群 8 个，全产业链产值达 3666 亿元，直接带动约 73 万农牧户增收致富。培育形成奶业、玉米、肉羊 3 个千亿级产业和肉牛、马铃薯、向日葵、羊绒、杂粮杂豆、小麦、蔬菜、饲草料、大豆、中草药、甜菜 11 个百亿级

知识链接

2020—2024 年，内蒙古创建的国家优势特色产业集群：2020 年创建了 2 个，分别是草原肉羊产业集群、河套向日葵产业集群；2021 年创建了 2 个，分别是科尔沁肉牛产业集群、大兴安岭大豆产业集群；2022 年创建了 1 个，即西部绒山羊产业集群；2023 年创建了 2 个，分别是阴山马铃薯产业集群、中西部奶业产业集群；2024 年创建了 1 个，即旱作谷子产业集群。

产业。大部分产业集群形成产业布局区域化、基地建设规模化、生产加工集约化、农畜产品绿色化、品牌营销一体化的一二三产业融合发展格局。乳肉薯绒等 7 条重点产业链产值突破 7000 亿元，全国人民餐桌上有了越来越多来自大草原的绿色食品。

2024 年，全区共有国家级农业产业化重点龙头企业 72 家、自治区级农牧业产业化重点龙头企业 699 家，主要农畜产品加工转化率达到 75% 以上。伊利、蒙牛双双闯进全球乳业十强，分别位列第五和第九。奶牛存栏量、奶产量稳居全国首位，

“蒙”字标

“蒙”字标认证创建了“五大体系”，即标准体系、认证体系、产业体系、质量管控体系、综合服务体系，以“高标准+严认证+强监管+优服务”的模式，努力实现“五大价值”，即建设国家重要农畜产品生产基地、助力脱贫攻坚和乡村振兴、推进农牧业供给侧结构性改革、扶优打假培育区域品牌、实现市场监管方式现代化。

奶产业产值预计在2025年突破2500亿元。内蒙古伊利实业集团股份有限公司、内蒙古优然牧业有限责任公司等12家企业跻身2024中国农业企业500强。“兴安盟大米”“锡林郭勒羊肉”“赤峰杂粮”“乌兰察布马铃薯”“科尔沁牛肉”“河套面粉”等众多“蒙字号”产品不但享誉首都，还畅销大江南北。

近年来，围绕畜禽、粮油、蔬菜、水果等特色产业，积极谋划培育出一批产业规模大、生产方式新、品牌特色浓、带动效益高的全国名特优新农产品，成为实施乡村振兴战略的新支撑、农牧业高质量发展的新亮点。截至2024年底，内蒙古共有848个优质农畜产品被列入“全国名特优新农产品名录”，数量位居全国第一，涵盖农产品、畜禽产品、水产品和奶制品四大类，种类丰富，品质优良。

2025年2月，《内蒙古自治区培育壮大农副食品加工业行动方案（2025—2027年）》印发，规划到2027年，全区农副食品加工业规模进一步壮大，产业布局和结构持续优化，新培育年销售收入超10亿元的农副食品加工企业5家以上、超亿元企业20家以上，农副食品品牌影响力显著增强、市场占有率大幅提升，力争农副食品加工企业销售收入新增700亿元，年销售收入达到4800亿元以上。

生态产业越来越好

近年来，内蒙古从推广节水农业、落实草原禁牧休牧和草畜平衡制度、发展农畜产品精深加工业、打造绿色有机品牌等方面入手，大力发展生态农牧业，全面落实工程、农艺、品种、结构、机制“五节”措施，持续推进农业控肥增效、控药减害、控膜提效和控水降耗“四控”行动。2024 年，建设化肥“三新”技术集成推进县 20 个，建成“看苗选肥”示范区 32 个，建设“对症选药”平台 15 个，实施绿色防控面积 5943 万亩，统防统治面积 5859 万亩，化肥、农药使用量

加大农业科技设备使用力度，推进粮食生产全程机械化。图为呼伦贝尔农垦集团智慧农机正在进行喷洒作业

保持负增长。地膜、秸秆回收利用水平不断提升。

内蒙古大部分地区水资源匮乏，且农业用水量占到全社会用水总量的 70% 左右，“大水漫灌”一直是内蒙古想要解决的老大难问题。近年来，内蒙古建立覆盖自治区、盟市、旗县三级的用水总量控制指标体系，将农业用水总量控制指标全部分解到嘎查村等基本用水户，对 371 个地下水管理单元开展了水量、水位“双控”评估。大中型灌区全部实现渠首在线计量，新增农业水价综合改革面积 375 万亩，实施改革面积累计达 4969 万亩，提前一年超额完成国家下达的改革任务。全区农业水价政策体系逐步健全完善，落实农业节水

引绰济辽工程是国家“十三五”期间实施的节水供水重大水利工程，也是迄今为止内蒙古规模最大的水利工程。图为引绰济辽工程文得根水库

奖补资金2.1亿元，有效保障农田水利工程良性运行。2016—2024年，亩均用水量由305立方米下降到214立方米，农田灌溉水有效利用系数由0.532提高到0.588。2024年，新增农业节水能力3.8亿立方米，相当于一个500万人口城市一年的用水量。

技术贡献越来越大

近年来，内蒙古紧盯农牧业领域技术创新，持续推进农牧业科技力量协同攻关，加快农牧业科技成果大面积推广应用。从“经验种田”到“数字种田”，从“粗放生产”到“精准品控”，内蒙古在“产得优”的进阶之路上稳步前行。全区农牧业科技进步贡献率达到62.4%，为把农牧业打造成现

推动农牧业科技成果不断落地是推动农牧业现代化、实现农牧业高质量发展的重要途径。图为中清农业设施农业数智管控中心

代化大产业提供了有力科技支撑。

种子是保障国家粮食安全的核心要素，也是“藏粮于技”的“芯片”。内蒙古坚持选品种、建基地、促推广，自 2022 年起连续 3 年建设“看禾选种”平台，打造农民选用良种的看台、农技人员推介品种的平台。从现代育种技术突破到品种筛选、示范，再到主导品种推广应用，良种有力保障了粮食连年稳产丰产、农畜产品稳定供应。

引导农户购置高性能播种机、北斗导航系统、玉米籽粒联合收获机等高效减损机械。2024 年，农牧领域新增北斗设备 1383 台套（架），农机装备“上天入地”，让农业生产更

持续推进农牧业领域技术创新，加快农牧业科技成果推广应用。图为高标准示范农田引入智能无人机开展三维立体化精准施药作业

精准、更高效。全区现有高性能播种机 8.6 万台，推广应用北斗导航辅助驾驶系统 3.2 万余台，完成精准播种面积 3100 多万亩，农作物耕种收综合机械化率达到 90%，超过国家平均水平。

2025 年，内蒙古组织实施“两个一千”行动，统筹利用单产提升工程、绿色高产高效和粮油规模主体单产提升等项目，力争全年建设单产提升示范区 1000 万亩，辐射带动吨粮田 1000 万亩左右，为粮食增产注入强劲动力。

五、打造我国向北开放重要桥头堡

内蒙古区位优势得天独厚，历史上是中蒙俄“万里茶道”的重要枢纽及通道，现在是中蒙俄经济走廊的重要节点、国家西部陆海新通道的重要门户。把内蒙古打造成为我国向北开放重要桥头堡，是习近平总书记站在统筹国内国际两个大局的高度为内蒙古量身定制的战略定位之一，也是内蒙古推动更高水平对外开放并以高水平开放促进高质量发展的现实需要。

（一）在联通国内国际双循环中发挥更大作用

2014 年，习近平总书记考察内蒙古时强调，要通过扩大开放促进改革发展，发展口岸经济，加强基础设施建设，完善同俄罗斯、蒙古合作机制，深化各领域合作，把内蒙古建成我国向北开放的重要桥头堡。

2018 年，习近平总书记参加十三届全国人大一次会议内蒙古代表团审议时指出，从满洲里、二连浩特出入境的中欧班列多数都是“酒肉穿肠过”，区位优势还没有转化为开放优势、发展优势，国家向北开放重要桥头堡的作用还没有发挥出来。

2019 年，习近平总书记在内蒙古考察时指出，“内蒙古地处内陆，经济外向度不高，只有全方位融入国内国际大市场，才能实现借力发展”。内蒙古要“形成联通内外、辐射周边，资源集聚集散、要素融汇融通的全域开放平台”，“依托 18 个对外开放口岸，发展加工制造、商贸物流、数字经济等产业，办好中蒙博览会，并主动融入共建‘一带一路’。要吸引更多资本、技术、人才纷至沓来，推

内蒙古对内对外开放基本格局示意图

动更多‘蒙字号’优质产品走向全国、走向世界”。

2021 年，习近平总书记参加十三届全国人大四次会议内蒙古代表团审议时强调，要深化改革开放，优化营商环境，积极参与共建“一带一路”，以高水平开放促进高质量发展。

2023 年，习近平总书记在内蒙古考察时进一步强调，要积极参与共建“一带一路”和中蒙俄经济走廊建设，提升对外开放水平，构筑我国向北开放的重要桥头堡，在联通国内国际双循环中发挥更大作用。要加强与京津冀、长三角、粤港澳大湾区和东三省的联通，更好融入国内国际双循环。

（二）坚持登高望远，把国家向北开放重要桥头堡打造得巍然蓬勃

党的十八大以来，内蒙古坚决扛起建设我国向北开放重要桥头堡的重大责任，贯彻落实开放发展理念，融入共建“一带一路”和中蒙俄经济走廊建设，持续完善对外开放区域布局、贸易布局，壮大落地加工产业，加快发展更高层次的开放型经济。联通内外的“交通网”越织越密，区域协作的“关系网”越扩越大，“一带一路”上的“朋友圈”越来越广，国内大循环的重要节点和国内国际双循环的战略支点加速形成。

进出口质、量实现双提升

党的十八大以来，内蒙古对外贸易不断取得新进展，外

贸进出口总值在2018年突破千亿元大关的基础上快速增长。2024年，全区外贸进出口总值2073.1亿元，首破2000亿元大关，是2012年710.6亿元的2.9倍。截至2024年底，与全球158个国家开展贸易往来，对120个贸易伙伴实现进出口增长。2024年，对共建“一带一路”国家进出口1679.3亿元，同比增长9.6%。其中，对蒙古国进出口740.5亿元，对俄罗斯进出口351.2亿元，合计占内蒙古对共建“一带一路”国家进出口总值的65%。同期，对东盟进出口211亿元，同比增长47.1%，连续5年保持增长，东盟等新兴市场成为内蒙古外贸新增长极；对欧盟进出口89.2亿元，同比增长0.3%；对美国进出口83.8亿元，同比增长15%。从区内各盟市看，重

自2017年2月15日起，满洲里口岸进口俄罗斯液化石油气实现常态化。图为俄罗斯液化石油气货车在满洲里口岸通关

点盟市支撑作用凸显。巴彦淖尔市进出口445.1亿元，占全区进出口总值的21.5%，领跑全区；包头市、赤峰市位列其后，分别为325.2亿元和305.7亿元。

2024年，外贸结构、产品结构不断优化，电动载人汽车、锂电池和太阳能电池“新三样”产品出口快速增长，跨境电商等新业态蓬勃发展。“新三样”产品出口41.8亿元，同比增长45.3%。二手车出口成为外贸增长新动力，培育36家二手车出口企业，出口同比增长6.4%。有8种特色食品首次出口，农产品出口120.5亿元，同比增长28.4%。进口煤炭8645.37万吨，占全国煤炭进口量的15.9%；进口矿能产品968.3亿元，同比增长4.2%。种鸡、牛羊冻精、优质农作物种子实现常态化进口，蒙古国饲草时隔7年恢复进口。首个发动机区外全球保税维修项目获批，保税贸易规模同比增长52.4%；贵金属加工项目扩量升级，实现进口19.4亿元，贸易值同比增长372.4%。

在促进外贸稳定增长若干措施等增量政策持续发力、效应不断释放的鼓舞下，内蒙古有进出口业务的经营主体数量再创新高，达到3500多家，同比增加262家。民营企业是外贸主力军，进出口1634.3亿元，同比增长9.9%。自2010年1月跨境贸易人民币结算试点启动至2024年10月，全区跨境人民币结算量累计突破万亿元，年均增幅40%以上。

大力推进双边、多边、区域合作

发挥向北开放的地缘优势，树立“深化区域合作也是开放”的观念，积极融入国内、国际两个市场；加强开放平台建设，统筹推进重点口岸打造、中欧班列提质扩容，持续深化区域合作，对内对外开放呈现新气象。

对外，不断深化与蒙古国、俄罗斯在农牧业、能源矿产、基础设施、生态环保等领域的合作。2015 年以来，举办了 4 届中蒙博览会，成功打造了双边经贸合作品牌；参加中国国际进口博览会、中国—东盟博览会、中国—东北亚博览会、中日经济合作会议等国家级重点展洽会，不断拓展国际贸易新空间。2024 年，中蒙二连浩特—扎门乌德经济合作区成功

2023 年 9 月，第四届中国—蒙古国博览会在呼和浩特举行，来自 35 个国家和地区、全国 27 个省区市的 3000 多家企业参展，创历届之最

获批，这是继中哈霍尔果斯国际边境合作中心、中老磨憨—磨丁经济合作区之后，中国与毗邻国家共同建立的第三个跨境经济合作区。2024 年 11 月 7 日，在上海进博会期间，举办中蒙二连浩特—扎门乌德经济合作区招商推介会，共达成协议资金 40.37 亿元。自贸区创建积极推进，编制完成总体方案，复制推广 223 项国家层面制度创新成果，试点开展投资、贸易、金融等领域改革。

2024 年 5 月 31 日，中蒙二连浩特—扎门乌德经济合作区招商推介会在北京举办

对内，与京津冀协同发展上，2024 年，京蒙协作“六个倍增计划”持续深入实施，在教育、医疗、农畜产品销售、旅游、产业合作和科技创新等领域均结出硕果。京津冀蒙高校联盟成立，自治区科技厅与京津冀国家技术创新中心签署深化科技创新合作协议。与长三角地区合作上，2024 年，开展“沪

蒙情深‘童’看草原”主题夏令营活动，与上海市各高校及相关部门开展一系列科研项目合作，与上海市社科联签订《蒙沪两地社科联战略合作框架协议》，与上海市人力资源社会保障局、上海市人力资源协会建立长期合作机制。与粤港澳大湾区合作上，粤蒙两地立足各自禀赋特点和战略定位，持续加强重点领域交流对接。2024 年，两地围绕能源、教育、科技创新领域促成落地合作项目 3 个，投资额约 15 亿元，推动内蒙古 1 家企业在深交所上市。与东北三省合作上，在物流、交通运输一体化等多领域取得实质性进展。

2025 年，组织实施区域合作深化行动，努力把对外、对内的合作和区内各盟市的协作提升到一个新的水平。对外，主要是扩大向俄蒙开放，进一步把“出”的工作做好、“进”的产品用好，更好发挥在中蒙俄经济走廊建设中的桥梁纽带作用；对内，不断深化与京津冀、长三角、粤港澳大湾区等地合作，拓展京蒙全方位合作的广度和深度，在服务和融入全国统一大市场中实现自身发展。区内，重点推动东部地区、呼包鄂乌地区、乌海及周边地区联动发展、差异化协调发展。

京蒙协作结硕果

在我国区域协同发展战略布局中，京蒙全面深化合作已成为东西部协作的典范。1996 年以来，北京与内蒙古在东西部协作框架下双向奔赴，推动两地协作走深走实。全面打赢脱贫攻坚战后，京蒙协作机制在总体稳定的基础上调整优化，聚焦特色产业提升、产业集群打造、消费帮扶助农增收、劳务协作提质等领域持续发力。而今，京蒙两地已实现从“单向帮扶”到“全面深化合作”的跨越发展，正在努力打造更大范围、更深层次、更高水平的协作新模式。

从 2023 年开始，北京和内蒙古紧盯“六个倍增计划”“四项行动”各项目标任务，打造了一批利长远、促发展、顺民心的精品工程。自 2021 年新一轮东西部协作启动以来，京蒙消费帮扶带动内蒙古建立农产品直采直供基地 77 个，创建省市县消费帮扶品牌 54 个。截至 2024 年底，京蒙消费帮扶销售额已累计超过 780 亿元。在教育领域，实施教师队伍能力提升计划、教育远程互助工程等，北京 416 所学校已结对帮扶内蒙古 525 所学校，内蒙古的教育教学质量有效提升。在

知识链接

六个倍增计划

教育倍增、医疗倍增、农畜产品销售倍增、旅游倍增、产业合作倍增、科技创新倍增。

四项行动

特色产业提升、产业集群打造、消费帮扶助农增收、劳务协作提升。

医疗资源方面的对接协作，让内蒙古群众不出远门就能享受到首都优质的医疗资源。

京蒙协作的成功，关键在于双向赋能。近 5 年来，北京在内蒙古投资 430 亿元，帮助内蒙古围绕肉牛、肉羊、马铃薯等打造特色产业，并集聚上下游企业，深度融合资金、技术、人才要素，形成产业集群。在内蒙古，伴随着防沙治沙工作的推进，一片片不毛之地变身万亩绿洲，用蔚蓝与纯净拱卫首都的生态安全；一座座风光电站拔地而起，作为北京最大的电力供应基地，内蒙古的“绿色风光”点亮了北京的万家灯火；“绿色算力”势头正盛，联通京蒙的大容量光缆线路，

2025 年 4 月 10 日，由中国循环经济协会主办、内蒙古碳中和产业协会承办的“京蒙全面合作 携手共促‘双碳’签约仪式”在北京举行

为北京的“绿色算力”需求提供强力支撑。首都人民和内蒙古人民的心挨得更近了，京蒙协作的层次更高了，领域更宽了，成果也更多了。

未来，京蒙协作将立足各自所有所需，充分发挥比较优势，努力在教育、医疗、科技、文旅、人工智能、绿色算力、现代农牧业等领域形成更多合作成果，继续携手迈上更高质量的协同发展之路。

经济通道作用显著发挥

内蒙古绵延4200多公里的边境线上分布着20个对外开放口岸，承担着中国对蒙陆路运输95%、对俄陆路运输65%的货运量，接卸了国家约15%的进口煤炭，为国家经济通道建设作出重要贡献。2024年，口岸进出境货运量达到1.234亿吨，再创历史新高，继续领跑全国陆路口岸货运量；口岸客运量达到518.7万人次，同比增长55.46%，呈现出持续繁荣的景象。口岸区位优势正在加快转化为开放优势、发展优势。

内蒙古对外开放口岸一览表

口岸名称	口岸类型	所在盟市	对应口岸
满洲里	铁路、公路、航空	呼伦贝尔市	俄罗斯 后贝加尔斯克
室韦	公路	呼伦贝尔市	俄罗斯 奥洛契
黑山头	公路	呼伦贝尔市	俄罗斯 旧粗鲁海图
二连浩特	铁路、公路、航空	锡林郭勒盟	蒙古国 扎门乌德

续表

口岸名称	口岸类型	所在盟市	对应口岸
珠恩嘎达布其	公路	锡林郭勒盟	蒙古国 毕其格图
甘其毛都	公路	巴彦淖尔市	蒙古国 嘎顺苏海图
策克	公路	阿拉善盟	蒙古国 西伯库伦
乌力吉	公路	阿拉善盟	蒙古国 查干德勒乌拉
满都拉	公路	包头市	蒙古国 杭吉
阿日哈沙特	公路	呼伦贝尔市	蒙古国 哈比日嘎
额布都格	公路	呼伦贝尔市	蒙古国 白音胡舒
阿尔山	公路	兴安盟	蒙古国 松贝尔
包头航空	航空	包头市	—
鄂尔多斯航空	航空	鄂尔多斯市	—
海拉尔航空	航空	呼伦贝尔市	—
呼和浩特航空	航空	呼和浩特市	—

截至2024年，口岸累计进出境中欧班列突破4.5万列，运行线路达129条，对内覆盖22个省区市的64个城市，对外辐射10个国家的22个城市。被誉为“钢铁驼队”的中欧班列经由二连浩特、满洲里铁路口岸跨越山海、纵横驰骋，以钢铁之躯“链”动世界。自2013年接运首列中欧班列以来，截至2025年2月底，中欧班列“中通道”二连浩特铁路口岸累计接运数量突破18000列。在中欧班列“东通道”满洲里铁路口岸，平均每天有5~6趟满载着汽车配件、家用电器、

纺织服装等各类产品的班列奔赴俄罗斯等共建“一带一路”国家。贸易值由2013年的0.1亿元增长到2024年的458.6亿元。从最初的“满载出发、空车回程”到如今的“满载出发、满载回程”，十余年间，经二连浩特、满洲里铁路口岸出入境的中欧班列越来越多，约占全国总数的四成以上。

发挥口岸集聚优势，打造重点货物集疏中心。图为二连浩特铁路口岸

以满洲里、二连浩特国家智慧口岸试点建设为牵引，全面推进“智慧口岸”和“数字国门”建设。全区12个公路口岸实现海关、边检等部门监管信息“一体化采集、一站式查验”，货物进出境通关验放时间进入“读秒”阶段。策克口岸是全国首个实现自动驾驶的陆路口岸。自创新实施AGV无

人驾驶和 5G 通信系统无人驾驶跨境运输模式以来，口岸产业附加值和运输效率不断提升。2024 年，策克口岸通关过货量累计突破 2300 万吨，创开关以来历史新高。2025 年，内蒙古全面启动“1+7”智慧口岸建设，重点公路口岸将全部完成智能卡口系统建设应用。在公路口岸创新推行“一单多车”、互联网“指尖”申报、“虚拟车牌”等通关模式，持续优化通关流程，压缩通关时间。

以国家智慧口岸建设为牵引，持续优化通关流程，压缩通关时间。图为策克口岸

“口岸 + 园区”“口岸 + 腹地”的联动发展新格局正在形成

内蒙古各地以中蒙俄经济走廊建设为重点，深度参与跨国产业分工与合作，推动形成口岸带动、腹地支撑、边腹互

动的口岸发展新格局，发挥口岸带动地区经济发展、更好服务国家对外开放战略的作用。煤炭、铁矿石、铜精粉、油气、萤石五大类进口大宗商品仓储转运园区已初步建成，煤焦化工、粮油深加工、萤石精选、羊绒加工等八大落地加工产业不断壮大。2024 年，全区口岸进出境货物区内加工总量 5458 万吨，落地加工率达 49.5%。大力推动口岸功能向腹地延伸。呼包鄂乌与各个口岸协同互动；乌兰察布与二连浩特通力合作、共同发展；甘其毛都等口岸与巴彦淖尔、阿拉善优势互补，打造能源资源进口加工基地。通过这些举措，构建起各具特色的开放经济新模式，有力推动“经济通道”向“通道经济”高效能转变、“过路经济”向“落地经济”高质量转型。

甘其毛都口岸是内蒙古过货量最大的公路口岸，是内蒙古西部重要的对蒙开放贸易通道和连接欧亚大陆的重要纽带。该口岸毅腾国际物流园区首创 AGV 无人驾驶跨境运输模式，构建绿色、智能、高效、安全的中蒙矿能通道，有力提升了口岸综合过货能力。左图为甘其毛都口岸，右图为 AGV 无人驾驶车

第二篇

全方位建设模范自治区

2019年，习近平总书记在内蒙古考察时指出，内蒙古是我国民族区域自治制度的发源地，具有民族团结的光荣传统。希望内蒙古的同志高举各民族大团结旗帜，全面贯彻党的民族政策，深化民族团结进步教育，践行守望相助理念，铸牢中华民族共同体意识，把各族人民紧紧团结在党的周围，共同守卫祖国边疆，共同创造美好生活，在新时代继续保持模范自治区的崇高荣誉！内蒙古将习近平总书记的嘱托转化成全方位建设模范自治区的实际行动。

内蒙古作为党领导下成立的第一个省级民族自治区，在促进民族团结上具有光荣传统、积累了宝贵经验，长期以来拥有模范自治区的崇高荣誉。全区各族干部群众始终心向党，感党恩、听党话、跟党走，形成了识大体、顾大局、讲风格、求奉献、有担当的宝贵品质。习近平总书记对内蒙古民族工作、民族团结进步事业高度重视并寄予厚望。内蒙古自治区党委以铸牢中华民族共同体意识为主线，全方位建设模范自治区，带领全区各族人民紧跟习近平总书记奋进新征程，让模范自治区的崇高荣誉永放光彩。

一、习近平总书记嘱托内蒙古铸牢中华民族共同体意识，在新时代继续保持模范自治区的崇高荣誉

2014 年，习近平总书记在内蒙古考察时指出，希望内蒙古各族干部群众守望相助。守，就是守好家门，守好祖国边疆，守好内蒙古少数民族美好的精神家园；望，就是登高望远，规划事业、谋求发展要跳出当地、跳出自然条件限制、跳出内蒙古，有宽广的世界眼光，有大局意识；相助，就是各族干部群众要牢固树立平等团结互助和谐的思想，各族人民拧成一股绳，共同守卫祖国边疆，共同创造美好生活。

2019 年，习近平总书记在内蒙古考察时指出，内蒙古是我国民族区域自治制度的发源地，具有民族团结的光荣传统。

希望内蒙古的同志高举各民族大团结旗帜，全面贯彻党的民族政策，深化民族团结进步教育，践行守望相助理念，铸牢中华民族共同体意识，把各族人民紧紧团结在党的周围，共同守卫祖国边疆，共同创造美好生活，在新时代继续保持模范自治区的崇高荣誉！

2020年，习近平总书记参加十三届全国人大三次会议内蒙古代表团审议时指出："内蒙古自治区是我国最早成立的民族自治区。希望你们坚持和完善民族区域自治制度，加强各民族交往交流交融，加快民族地区经济社会发展步伐，继续在促进各民族团结进步上走在前列。"

2021年，习近平总书记参加十三届全国人大四次会议内蒙古代表团审议时指出，内蒙古作为我国最早成立的民族自治区，在促进民族团结上具有光荣传统，长期以来拥有"模范自治区"的崇高荣誉，要倍加珍惜、继续保持。要围绕共同团结奋斗、共同繁荣发展，牢记汉族离不开少数民族、少数民族离不开汉族、各少数民族之间也相互离不开，在促进民族团结方面把工作做细做实，增强各族群众对伟大祖国、中华民族、中华文化、中国共产党、中国特色社会主义的认同。

2022年，习近平总书记参加十三届全国人大五次会议内蒙古代表团审议时指出，"民族团结是我国各族人民的生命线"，"中华民族共同体意识是民族团结之本"，强调"铸牢中华民族共同体意识，既要做看得见、摸得着的工作，也要做大量‘润物细无声’的事情”。习近平总书记要求各族干部全面理解和贯彻党的民族理论和民族政策，自觉从党和国家工作大局、从中华民族整体利益的高度想问题、作决策、抓工作；强调要把铸牢中华民族共同体意识的工作要求贯彻落实到全区历史文化宣传教育、公共文化设施建设、城市标志性建筑建设、旅游景观陈列等相关方面，正确处理中华文化和本民族文化的关系，为铸牢中华民族共同体意识夯实思想文化基础。

2023 年，习近平总书记在内蒙古考察时首次提出，铸牢中华民族共同体意识是新时代党的民族工作的主线，也是民族地区各项工作的主线。民族地区的经济建设、政治建设、文化建设、社会建设、生态文明建设和党的建设等，都要紧紧围绕、毫不偏离这条主线。在全面建设社会主义现代化国家开局起步的关键时期，习近平总书记又把铸牢中华民族共同体意识上升为“民族地区各项工作的主线”，赋予了民族地区新的使命。

二、守望相助，团结奋斗，全方位建设模范自治区

习近平总书记审古今之变、察时代之势，高瞻远瞩，作出关于铸牢中华民族共同体意识的重要论断，为我们做好新

时代党的民族工作指明了方向，为我们在新时代继续保持崇高荣誉，全方位建设模范自治区提供了科学指引和根本遵循。2023 年 7 月，自治区党委十一届六次全会审议通过《内蒙古自治区党委关于全方位建设模范自治区的决定》，提出要在感党恩听党话、紧跟习近平总书记奋进新征程上作模范，在铸牢中华民族共同体意识上作模范，在民族地区推进中国式现代化建设中作模范，在边疆民族地区走向共同富裕的道路上作模范，在兴边稳边固边上作模范，在边疆地区联通国内国际双循环上作模范，在弘扬新风正气上作模范，并作出具体部署、提出明确要求。

关于《内蒙古自治区党委关于全方位建设模范自治区的决定》的说明

在感党恩听党话、紧跟习近平总书记奋进新征程上作模范。在革命、建设、改革各个历史时期，不论面临多少困难和挑战，内蒙古各族人民都丝毫没有动摇对党的热爱和忠诚。正是因为始终听党的话，内蒙古才有了今天的大好发展局面，各族人民才有了今天的幸福美好生活。2023 年以来，自治区党委以学习贯彻习近平新时代中国特色社会主义思想主题教育为统领，以铸牢中华民族共同体意识为主线，以农村牧区和城镇社区为重点，组织开展“感党恩、听党话、跟党走”群众教育，取得了重大成效。针对机关企事业单位、农村牧区、城镇社区等受众群体，组建分众化宣讲队伍，把党的创新理论送到边疆一线、带到林海草原、讲到农牧民心里，让党的创新理论“飞入寻常百姓家”，传到“草原最深处”。通过编印“六句话的事实和道理”辅导读本，组建“暖心服务小分队”，开展“小手拉大手”“感恩故事大家讲”“找找老照片、谈谈新变化”等丰富多彩的活动，深入基层一线面对面和群众唠家常、算细账、聊变化，让各族群众对“六句话的事实和道理”共理更共情、入脑更入心。坚持边教育边实践，边阐释道理边解决问题，用心用情解决老百姓关心关注、急难愁盼的现实问题。有力激发广大党员干事创业、担当作为的热情，引领感召各族群众在牢记昨天、珍爱今天、憧憬明天中团结奋斗当好“主人翁”，在知党恩、念党好、信党能中坚定不移感党恩、听党话、跟党走。

2023 年 8 月 14 日，“永远跟党走 建功新时代”自治区理论学习轻骑兵示范宣讲团首场报告会在呼和浩特市举行

在铸牢中华民族共同体意识上作模范。内蒙古要求广大党员干部特别是各级领导干部切实提高政治站位，从坚定拥

护“两个确立”、坚决做到“两个维护”的高度，从推进强国建设、实现民族复兴的高度，从完成好习近平总书记交给内蒙古的“五大任务”和全方位建设模范自治区“两件大事”的高度，从实现“闯新路、进中游”目标的高度来把握和贯彻铸牢中华民族共同体意识这条主线，始终做到想任何问题、作任何决策、干任何工作都紧紧围绕这条主线。2023 年底，自治区党委制定出台《关于全面贯彻铸牢中华民族共同体意识主线的若干措施》，明确责任、健全机制，有形有感有效地把铸牢中华民族共同体意识落实到经济建设、政治建设、文化建设、社会建设、生态文明建设和党的建设等各项工作中。2024 年，创新推进铸牢中华民族共同体意识前置审核制度落实工作，让铸牢中华民族共同体意识逐渐成为开展各项工作的前置条件和刚性约束。2023 年以来，内蒙古以习近平文化思想为根本遵循和指引，系统集成这片土地上的红色文化、草原文化、农耕文化、黄河文化和长城文化等各种优秀文化，着力打造以守望相助、各民族交往交流交融、弘扬蒙古马精神和“三北精神”、铸牢中华民族共同体意识为基本内容的北疆文化品牌，各民族人心凝聚、团结奋斗的精神纽带越系越牢。2025 年，内蒙古组织开展北疆文化建设

内蒙古自治区党委印发《关于全面贯彻铸牢中华民族共同体意识主线的若干措施》

提升行动，展现内蒙古各民族共同创造的丰厚历史文化遗产和红色资源。

在民族地区推进中国式现代化建设中作模范。内蒙古自觉把工作置于党和国家工作大局中来审视和谋划，把发挥地区比较优势与服务保障国家发展大局紧密结合起来，始终铭记习近平总书记对内蒙古的殷切期望，牢牢把握习近平总书记要求内蒙古“闯出新路”的战略目标，下大气力破解制约高质量发展的堵点问题，着力扭转产业“四多四少”现状，加快构建多元发展、多极支撑的现代化产业体系。通过一系列举措，内蒙古经济社会加速步入高质量发展的良性循环轨道，实现了经济结构向优、动能向新、态势向好的转变。

在边疆民族地区走向共同富裕的道路上作模范。在党中央的亲切关怀和大力支持下，经过 70 余年的奋斗，内蒙古经济社会发生了翻天覆地的变化。深入践行以人民为中心的发展理念，坚持在发展中保障和改善民生，聚焦教育、医疗、

知识链接

四多四少

传统产业多新兴产业少、低端产业多高端产业少、资源型产业多高附加值产业少、劳动密集型产业多资本科技密集型产业少。

养老、收入分配等重点领域，着力解决群众的急难愁盼问题，采取有效措施补齐民生短板，增进民生福祉。不断把发展成果转化为生活品质，各族人民的生活越来越红火，大家都实实在在感受到推进共同富裕在行动、在身边。

在兴边稳边固边上作模范。内蒙古坚定不移贯彻总体国家安全观，加快推进国家安全体系和能力现代化建设，积极巩固党政军警民合力强边固防工作格局，坚持强边、安边、固边、富边、睦边一体推进。加快推进“水电路讯”等基础设施军地一体化建设，着力提升基层治理体系和治理能力现代化水平，促进边境繁荣发展、边民团结幸福、边防安全稳固。2025 年，内蒙古持续发力解决边境地区“空心化”问题，综合施策，吸引更多人到边境地区置业安居、守边戍边，确保民族团结和边疆安全。

各类生活物资供应充足，物价稳定，全力保供群众“菜篮子”

在边疆地区联通国内国际双循环上作模范。内蒙古不断推进思想大解放和观念大更新，全面优化营商环境，主动服务国家对外开放战略，不断深化国际交流合作和国内区域合作，着力提升开放层次和水平，加速实现“经济通道”向“通道经济”转变，努力打造联通内外、辐射周边，资源集聚集散、要素融汇融通的全域开放平台，在联通国内国际双循环中发挥更大作用。

在弘扬新风正气上作模范。内蒙古深化落实全面从严治党战略部署，大兴务实之风，弘扬清廉之风，养成俭朴之风，传承弘扬党的优良传统和作风，全面树立和展示内蒙古的良好形象。在学习贯彻习近平新时代中国特色社会主义思想主题教育中抓实以学正风，以上率下解决“三多三少三慢”问题，开展“优化职能职责、优化工作流程”和“提标、提速、提效”专项行动，精减规范苏木乡镇（街道）、嘎查村（社区）职能职责，切实为基层减负松绑。2022—2024年，连续3年评选“担当作为好干部”，全区上下干事创业的劲头更足、效率更高。

第三篇

牢记嘱托　砥砺奋进
推动内蒙古经济高质量发展

2021年，习近平总书记参加十三届全国人大四次会议内蒙古代表团审议时强调，要找准内蒙古在全国构建新发展格局中的定位，深入分析自己的优势领域和短板不足，进一步明确经济发展的重点产业和主攻方向，推动相关产业迈向高端化、智能化、绿色化，因地制宜发展战略性新兴产业和先进制造业，统筹推进基础设施建设。要注意扬长避短、培优增效，全力以赴把结构调过来、功能转过来、质量提上来。内蒙古始终沿着习近平总书记指引的方向，推动地区经济高质量发展。

党的十八大以来，习近平总书记3次赴内蒙古考察、5次参加十三届全国人民代表大会内蒙古代表团审议，始终以转型发展的眼光谋划内蒙古经济发展，留下许多饱含真情、思想深刻的金句，为内蒙古经济高质量发展指明方向。

一、习近平总书记关于内蒙古经济高质量发展的重要指示

2014年，习近平总书记在内蒙古考察时指出，内蒙古“经济发展方式不合理，集中的体现就是产业结构不合理，传统产业多、新兴产业少，低端产业多、高端产业少，资源型产业多、高附加值产业少，劳动密集型产业多、资本科技密集型产业少”。要着力在推动转方式同调整优化产业结构相结合、同延长资源型产业链相结合、同创新驱动发展相结合、同节能减排相结合、同全面深化改革开放相结合上下功夫。

2018年，习近平总书记参加十三届全国人大一次会议内蒙古代表团审议时指出，推动经济高质量发展，要把重点放在推动产业结构转型升级上，把实体经济做实做强做优。要立足优势、挖掘潜力、扬长补短，努力改变传统产业多新兴产业少、低端产业多高端产业少、资源型产业多高附加值产业少、劳动密集型产业多资本科技密集型产业少的状况，构建多元发展、多极支撑的现代产业新体系，形成优势突出、

结构合理、创新驱动、区域协调、城乡一体的发展新格局。要把现代能源经济这篇文章做好，紧跟世界能源技术革命新趋势，延长产业链条，提高能源资源综合利用效率。要大力培育新产业、新动能、新增长极，发展现代装备制造业，发展新材料、生物医药、电子信息、节能环保等新兴产业，发展现代服务业，发展军民融合产业，补足基础设施欠账，发挥国家向北开放重要桥头堡作用，优化资源要素配置和生产力空间布局，走集中集聚集约发展的路子，形成有竞争力的增长极。

2019 年，习近平总书记在内蒙古考察时，叮嘱我们“下决心把结构调过来、动能转过来、质量提上来”。

2021 年，习近平总书记参加十三届全国人大四次会议内蒙古代表团审议时强调，要找准内蒙古在全国构建新发展格局中的定位，深入分析自己的优势领域和短板不足，进一步明确经济发展的重点产业和主攻方向，推动相关产业迈向高端化、智能化、绿色化，因地制宜发展战略性新兴产业和先进制造业，统筹推进基础设施建设。要注意扬长避短、培优增效，全力以赴把结构调过来、功能转过来、质量提上来。

2023 年，习近平总书记在内蒙古考察时指出，内蒙古是国家重要能源和战略资源基地、农畜产品生产基地和我国向北开放重要桥头堡，优化产业结构必须立足这些禀赋特点和战略定位，大力发展优势特色产业，积极探索资源型地区转型发展新路径，加快构建体现内蒙古特色优势的现代化产业体系。他强调，要发挥好战略资源优势，内蒙古是矿产富集区，是我国“矿藏粮仓”，要加强稀土等战略资源的保护性开发，高质化利用，规范化管理，加大稀土利用科技攻关力度，加强能源资源的就地深加工，把战略资源产业发展好，建设全国最大的稀土新材料基地和全球领先的稀土应用基地。

二、牢记嘱托，砥砺奋进，推动内蒙古经济高质量发展

习近平总书记的重要指示，从根子上点出了内蒙古经济转型发展面临的突出问题，既指出了病根，又给出了根治之法，

实施数字经济核心产业提升行动，打造数字技术应用产业集群。图为乌兰察布市草原云谷大数据中心

指引内蒙古找准在全国构建新发展格局中的定位，明确经济发展的重点产业和主攻方向。内蒙古积极追“新”逐“质”，加快转变发展方式，加速调整产业结构，大力培育以绿色低碳为底色的新质生产力。不断壮大新能源、现代装备制造、生物医药、大数据等新兴产业，推动先进制造业集群扩规升级。重点发展稀土新材料、氢能、新型储能等未来产业，构建多元发展、多极支撑的现代化产业体系，在调结构、转动能、提质量上迈出坚实步伐。

（一）发展质量效益进一步提升

内蒙古将传统优势产业高质量发展和新能源产业发展同时作为构建现代化产业体系的重要内容，推动传统产业高端化、智能化、绿色化“三化”转型，把发展新能源作为调整能源结构、推动能源转型的主攻方向，能源领域全面绿色转型发展取得突破性进展。“十四五”前 3 年，内蒙古以年均 1.5% 的能耗增速支撑了平均 6.1% 的经济增速。2024 年，单位 GDP 能耗下降 3%，实现绿色增长与效益提升双突破，经济社会正加快步入高质量发展的良性循环轨道。

2024 年，传统能源产业呈现出向“新”求“质”的良好发展态势，煤制油、煤制气产量稳步增加。新能源及相关产业增加值保持两位数增长，新能源装机规模超过火电装机规模，非煤产业增速连续2年高于煤炭产业，稀土产业产值突破千亿元。工业经济发展成绩斐然。全年规模以上工业增加值同比增长6.8%，高于全国平均水平1个百分点，其中制造业增长9.3%。工业投资增长15.4%，高于全国3.3个百分点。规模以上工业企业达到4098户，较年初净增319户。全部工业增加值在2018年迈上5000亿元台阶后，实现历史性跨越，突破万亿元大关，达到10002亿元，较“十三五”末增加4404亿元，成为内蒙古工业发展史上新的里程碑。工业经济总量居全国第十四位，标志着内蒙古工业发展进入新阶段、站上新起点。

2024年，部署实施政策落地工程、防沙治沙和风电光伏一体化工程、温暖工程、诚信建设工程、科技“突围”工程和自贸区创建工程（即“六个工程”），取得显著成果。2025年，组织实施重大项目谋划行动、助企行动、就业促进行动、节水行动、区域合作深化行动、北疆文化建设提升行动（即“六个行动”）。以“六个工程”和“六个行动”为抓手，全力推动高质量发展加速成势。

（二）产业结构调整有了质的变化

习近平总书记对内蒙古产业高质量发展寄予厚望，要求我们不能简单“挖煤卖煤、挖土卖土”，要加大产业结构调整力度。2024 年，内蒙古煤炭产业增长 5.1%，而非煤工业增加值增长 8.2%，占全部工业比重超过 60%，多年来“一煤独大”“煤主沉浮”的局面已经向“多点开花”转变。

以“绿”为链，通过做好“煤头化尾”“追风逐日”文章，全链条推进煤炭、新能源等产业发展，努力把卖煤变成输电，把燃料变成原料，把发绿电延伸为制绿氢、绿氨、绿醇。2024 年，稀土永磁材料产量增长 30% 以上，稀土产业产值超过千亿元，打通了“由矿变土”“由土变材”“由材变用”的全链条，正在加速从“世界级储量”向“世界级产业”迈进。全区装备制造业增长 42.5%，战略性新兴产业增长 11.3%，高

加大产业结构调整力度，推进新能源产业集群建设。图为达拉特光伏发电应用领跑基地

技术制造业增长29.4%，都大幅快于规模以上工业增速。抓实抓细地、水、种和粮、肉、奶6个重点，做足做活“粮头食尾”“畜头肉尾”“农头工尾”文章，乳肉薯绒等7条重点产业链产值突破7000亿元。内蒙古产业发展正在向高附加值、高技术、高集约化、高加工度转变，产业结构不断优化升级。

2016年以来，制定实施《内蒙古自治区绿色制造体系建设实施方案》，积极推进绿色工厂、绿色工业园区、绿色供应链建设，各行业、各地区绿色制造水平不断提升。2024年，制定出台《内蒙古自治区绿色制造体系建设管理实施细则》，明确以培育创建绿色工厂、绿色工业园区、绿色供应链管理企业为主要内容，形成国家、自治区、盟市三级联动、梯度培育的培育创建管理机制。截至2025年2月，累计创建国家级绿色工厂147家、绿色工业园区20个、绿色供应链管理企业6家，创建自治区级绿色工厂403家、绿色工业园区29个、绿色供应链管理企业47家。绿色制造体系不断壮大，制造业正在变得越来越“绿”、越来越强。

2025年，精心谋划打造“十大产业集群”，包括现代装备制造、新能源、新材料、新型化工、绿色农畜产品加工、生物制造、现代服务业、数字经济、人工智能、低空经济。为了更好支撑产业集群发展，整合设立百亿产业基金，完善金融、科技、土地、用能等保障机制。前进中的内蒙古必将向新出发、向优而进、逐绿前行，沿着习近平总书记指引的方向，构建起现代化产业体系。

（三）科技“突围”起步成势

内蒙古紧跟国家创新驱动发展步伐，不断加大财政科技支出力度，着力深化“科技兴蒙”行动，持续推进科技“突围”工程，推动科技创新迈出坚实步伐，形成“领域突围、点位突破”的良好局面。

近年来，启动实施科技型企业“双倍增双提升”行动，科技型中小企业、高新技术企业数量年均增长率分别达28.8%、8.4%。与怀柔国家实验室达成战略合作，相继建成科学技术研究院、大青山实验室、鄂尔多斯实验室和北大鄂尔多斯能源研究院、浙江大学—包头硅材料联合研究中心、中国农业大学巴彦淖尔研究院等科研平台和机构，内蒙古工业大学鄂尔多斯新能源学院挂牌成立。在乳业、稀土、氢能、储能等领域，取得一批填补行业空白的技术成果。

2024年，依托科技“突围”工程，聚焦稀土、储能与新型电力系统、氢能、特色乳业等战略重点和优势领域，全面部署36项重点任务，投入资金28.17亿元，11位院士领衔的19个专家团队、42家区内外高校院所、72家区内外企业参

依托科技“突围”工程，聚焦战略重点和优势领域精准发力，强化要素保障，科技成果不断涌现。图为内蒙古稀奥科贮氢合金有限公司生产车间

与攻坚，科技创新氛围空前高涨，科技成果不断涌现：国之重器“空天跨尺度计量基准大科学装置”启动建设，稀土红外涂层材料、稀土改性保温材料成功研制，乳铁蛋白分离制备关键技术打破国外垄断，特高压直流系统拓扑构建和可再生能源基地电源优化配置 2 项关键技术赋能绿电高效送出与可靠消纳，新型电解水制氢催化剂、新型离子交换膜大幅降低制氢成本。

2024 年，“蒙科聚”创新驱动平台效果显现，完成交易转化 2412 笔，增长 8.7%；技术合同成交额增长 33.6%。净增科技型中小企业 853 家、高新技术企业 97 家、科技领军企业 20 家，新增 45 个博士、硕士学位授权点，11 个学科专业实现博士点从无到有，2 个项目获国家科技进步奖二等奖，区域创新能力全国排名上升 4 位。鄂尔多斯市建成一批高能级创新平台，在北京、深圳、上海、雄安等地布局建设人才科创飞地，产出一批行业领先创新成果，跻身国家创新型城市行列。

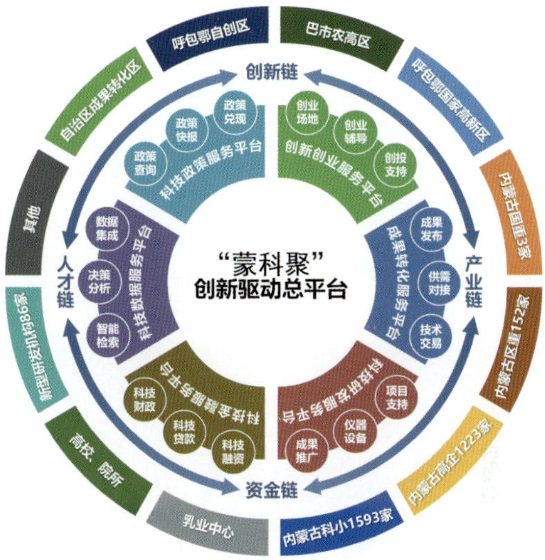

“蒙科聚”是内蒙古于 2023 年启动建设的创新驱动总平台，是“科技兴蒙”行动的升级版

积极推动新质生产力优质企业上市，为企业发展插上腾飞的翅膀。联合沪深北交易所，大力培育千户优势企业，全区有实力、有潜质的企业进入重点上市后备梯队，形成“培育一批、改制一批、辅导一批、申报一批、上市一批”的企业上市梯次推进格局。2021 年以来，连续 5 年实现企业上市不断档，累计有 10 家企业上市，成为资本市场的耀眼新秀。截至 2025 年 1 月 8 日，境内外上市企业达到 34 家，其中境内上市企业 29 家，境外上市企业 5 家，境内上市企业总市值

达 6600 亿元。

2025 年，内蒙古将持续推进科技“突围”工程，加快培育新质生产力。在人工智能+、低空经济、生物技术等前沿领域，确定一批重大科技“突围”新点位，聚集优势资源，加大攻关力度，尽快取得核心技术突破，力争做到“起跑即领先”，着力探索出一条符合内蒙古发展需求的区域创新之路。

2023 年 12 月，坐落于呼和浩特市的国家乳业技术创新中心正式投入运营

（四）注重用改革的办法破解难题

内蒙古深入贯彻党的二十届三中全会精神，坚持用改革

的办法破解难题。建立自治区级领导分口推进重点领域改革任务机制，制定推动改革任务高效协同落实办法，聚焦制约高质量发展的卡点瓶颈，针对“放管服”改革、国企改革、科技体制改革等重点领域，出台节能降碳、零基预算、低空经济、医疗服务价格等一批改革方案，推出一批关键性、突破性、创新性改革举措，有效激发了经济社会发展动力活力。

各领域改革成果丰硕。2024年，在农业领域，着力解决“大水漫灌”问题，完成农业水价综合改革，新增农业节水能力3.8亿立方米。在草原生态保护方面，下决心解决草原过牧问题，完善草原补奖资金发放机制，在17个旗县开展试点工作，

深化电力交易体制改革，在全国率先开展跨省特高压“点对点”绿电交易。图为锡林郭勒盟1000千伏特高压站全景

天然草原草畜平衡指数由23.9%降至10%以下，实现了“禁牧不禁养、减畜不减收”。在交通物流领域，大力推动改革，加强网络货运监管服务，网络货运量、交易额分别增长3.5倍和2.5倍；培育公铁航邮领军企业91家；调整高速公路限速路段4747公里，时速120公里路段占比由18%增至71%。在电力交易领域，率先开展全国首个跨省区特高压“点对点”绿电交易，促进了电力资源的优化配置和可再生能源的高效利用，为深化电力交易体制改革贡献了“内蒙古智慧”。

营商环境持续优化。2024年，组建民营经济发展服务局，出台支持民营经济高质量发展意见，为企业减税降费及退税300亿元。安排惠企直达资金13.7亿元，有力推动政策精准落地。普惠型小微企业贷款余额增长14%，为小微企业发展提供了充足资金。大力推进“高效办成一件事”改革，在完成国务院发布的13个事项基础上又推出10个新事项，并对这些事项的办理环节、时限以及所需材料进行优化，压减幅度达70%以上。在一系列政策的加持下，2024年，内蒙古民营经营主体净增16.4万户，同比增长6.4%。其中，英思特稀磁新材料股份有限公司正式登陆创业板，在深交所上市。全区百强民营企业营收总额超过1万亿元。2024年，推进实施诚信建设工程。聚焦政务诚信、商务诚信、社会诚信、司法公信等领域，全面构建与高质量发展相适应的社会信用体系，推动各级党委和政府信守承诺，全社会诚信意识不断提高，营商环境越来越好，进一步树立起内蒙古人讲诚信、守信用的正面形象。

国企改革“突围”不断深化。加快建立现代企业制度，执行薪酬与效益刚性挂钩机制。2024年，自治区国资委监管企业资产总额首次突破万亿元，电力集团在全国500强中的排名上升11位，包钢集团利润增速比行业平均水平高33个百分点，能源集团、林草生态公司利润分别增长1倍和15倍，交通集团、文旅集团营收分别增长1.1倍和4.3倍。

职能机制进一步理顺。一体推进改错、改机制、改布局、改作风，引导相关部门围绕“整顿、规范、提速、增效”优化工作运行机制，推动各级政府自觉用市场化手段提升经济发展、社会治理和服务群众“三个水平”。发改、工信、财政等部门推出一批改革事项，涉及优化审批流程、放宽资金管理权限等。坚持改错就是改革，认真整改巡视、审计、统计等监督检查发现的问题，常态化推进煤炭资源领域违规违法问题治理，深入整治国企、医药、金融、招投标等领域突出问题。

（五）新兴产业、未来产业潜力无限

未来产业代表着新一轮科技革命与产业变革的方向，是

形成新质生产力的重要载体。对内蒙古而言，发展未来产业是塑造新优势、打造新引擎的关键所在，也是探索资源型地区转型发展新路径的必然选择。

2024年，着力构建“9+5+3”未来产业梯次培育发展格局，为产业长远发展谋篇布局。聚焦乳业、稀土新材料、现代煤化工等优势产业领域，着力提升产业链产值。全区各地立足自身资源禀赋，深挖比较优势，找准发力重点，未来产业培育发展势头强劲，如呼和浩特大力发展低空经济，包头聚焦稀土新材料，鄂尔多斯深耕氢能领域，乌兰察布全力助推绿色算力发展。全区各地紧盯有希望打造成新质生产力的“突围”点位持续攻坚,力求尽快在已布局的5个点位上取得技术突破，并在人工智能+、低空经济、生物技术等领域启动一批新点位，努力实现多点开花。

知识链接

“9+5+3”未来产业梯次培育发展格局

“9”即优先发展碳基新材料、化工新材料、稀土新材料、氢能、新一代半导体材料、新型储能、算力网络、低空经济、合成生物九大优势型产业；“5”即加快培育生物质绿色能源、增材制造、智能机器人、人工智能、航天产业五大潜力型产业；“3”即超前布局超导材料、元宇宙、先进核能三大前瞻型产业。

立足资源禀赋，加大培育发展未来产业力度。图为呼和浩特低空经济装备制造产业园外围物流基地

到 2030 年，内蒙古将突破一批关键核心技术，打造一批标志性产品，推广一批应用示范场景，培育一批领军企业，建设一批中试验证和公共服务平台，建成 3~5 个高水平未来产业先导区。

（六）推动旅游资源大区向旅游产业强区转变

内蒙古是歌的海洋、舞的故乡，自然风光壮美、历史文化厚重、民族风情独特，是无数游客心驰神往的旅游胜地。在这片壮美神奇的土地上，春有候鸟归乡，夏有清凉草原，秋有大漠胡杨，冬有梦幻冰雪。近年来，内蒙古深入贯彻落实习近平文化思想和习近平总书记对内蒙古重要指示精神，坚持以文塑旅、以旅彰文，推动文化和旅游深度融合发展，文旅产业保持强劲的发展势头。2024 年，全区累计接待国内游客 2.73 亿人次，旅游收入达 4139 亿元，分别比 2023 年增长 18.6% 和 23.4%，分别比 2019 年增长 44% 和 48%。当前，全区上下正以北疆文化建设提升行动为抓手，以打造北疆文化品牌为牵引，全力推动旅游资源大区向旅游产业强区转变。

依托资源优势，推动文旅深度融合发展。图为兴安盟阿尔山不冻河

北疆文化品牌亮起来。2024 年，内蒙古文旅聚焦打响北疆文化品牌，举办“舞动北疆”“唱响北疆”“阅读北疆”等各类文化活动 4.5 万余场次，开展乌兰牧骑下基层等服务活动 1.4 万场次，进京演出 150 多场次。近年来，全区各文艺院团创排了一批思想深刻、艺术精湛、制作精良的文艺作品，成为展现北疆文化的优秀载体。歌剧《江格尔》等 7 部作品入选庆祝建党 100 周年舞台艺术精品创作工程，舞剧《草原英

雄小姐妹》荣获第十六届文华大奖，舞剧《骑兵》荣获第十七届文华大奖、第十二届中国舞蹈“荷花奖”，歌曲《森林鹿歌》荣获国际作曲比赛最高奖项，杂技剧《我们的美好生活》获评全国杂技展演优秀剧目。内蒙古艺术剧院合唱团在第十七届中国国际合唱节中凭借出色表现，获得最高荣誉——“典范之声”合唱团称号。推出“歌游内蒙古”区域文旅品牌，并以此为依托，推动“我和草原有个约定”“冰雪那达慕”“天天那达慕”等文旅品牌强势出圈。此外，春节贺岁档大片《哪吒 2》《封神 2》都有内蒙古文化元素，为影片增添独特魅力的同时，也推动北疆文化破圈传播。原创舞剧《骑兵》《胡笳十八拍》在北京、辽宁、山东等地巡回演出，反响热烈。

加强宣传展示，进一步提升北疆文化特色品牌。图为杂技剧《我们的美好生活》剧照

2025年，内蒙古将聚焦北疆文化这座“精神富矿”，着力实施好艺术人才和作品强基、文物和文化遗产固本、国有院团改革攻坚、市场主体培育壮大、文旅服务质量提升“五个具体行动”，不断挖掘北疆文化的内涵、丰富北疆文化的外延，阐释好、梳理好、宣传好北疆文化的历史渊源、发展脉络、文化价值，积极构建“传承—转化—传播”全链条文化生态体系。持续扩大“北疆文化神州行”的影响力，坚持走出去、请进来。计划组织优秀剧目、精品文博、非遗项目和乌兰牧骑到区内外展演500场次，与京津冀、长三角、粤港澳大湾区联合开展北疆文化主题展演。加强创意设计、科技赋能，打造更多人工智能数字文旅新场景和独具特色的文化“打卡地”“刷卡地”，推出更多特色文创产品。以北疆文化基因赋能文旅发展，进一步提升北疆文化的影响力。

文化旅游市场火起来。2024年，内蒙古文旅产业实现多个突破：阿尔山旅游度假区入选国家级旅游度假区，12个品牌获评国家级旅游品牌，呼伦贝尔大草原·莫尔格勒河景区、老牛湾黄河大峡谷旅游景区成功晋级国家AAAAA级旅游景区，马鬃山滑雪旅游度假地获批国家级滑雪旅游度假地，工业旅游示范基地、自驾游营地总量位居全国第一，滑雪旅游度假地总量位居全国第二。持续擦亮畅游“四季”名片，打响歌游内蒙古“浪漫之春”“清凉之夏”“绚丽之秋”“奇幻之冬”四季游品牌。2024年冬季，赤峰美林谷国家级滑雪旅游度假地利用国际国内滑雪赛事，吸引国内外游客超30万人次，旅游消费金额突破2亿元。有“中国冷极”之称的根河市，精心打造系列文旅产品，让“冷资源”持续释放“热效应”，2024年接待游客251.94万人次，实现旅游收入36.96亿元。

充分利用资源优势，着力构建全季游、全域游发展格局。图为呼和浩特马鬃山滑雪场

2025年，内蒙古将组织实施文旅品牌塑造、优质景区培育、产业融合促进、区域合作协同、自身能力提升“五个落实工程”，以全景式布局、差异化定位、融合型赋能为抓手，加快形成文体旅商一体化消费产业链，着力构建“四季皆景、全域可游”的旅游发展格局。加快推进兴安盟世界级旅游度假区、巴丹

吉林世界级旅游景区、乌拉盖九曲湾 AAAAA 级景区创建工作。围绕山水林田湖草沙系统规划、整体策划，把草原森林、沙漠戈壁、河湖湿地等美景串联起来，形成东中西部组团式发展的态势，努力把内蒙古打造成自驾游的首选地、露营游的佳选地、度假游的必选地、康养游的优选地。继续提升呼和浩特跨年夜、乌兰察布之夜、阿拉善英雄会、锡林郭勒蒙古马超级联赛等品牌的影响力，让四面八方的游客真切感受到“生态内蒙古，绿色好味道”的独特魅力。持续聚焦“吃

阿拉善英雄会是一项集竞技运动、文化展示、沙漠探险、度假体验于一体的沙漠越野嘉年华活动，每年吸引众多越野爱好者和游客参与

住行游购娱”全要素，提升服务保障水平，让游客身心愉悦，来了印象深，来了还想来。

文旅带动群众富起来。2024 年，推出乡村旅游精品线路 30 余条，在满足消费者个性化、多样化需求的同时，有力带动服务消费、文旅消费。全区餐饮收入比上年增长 6.3%，分别高于社会消费品零售总额 1.8 个百分点、商品零售额 2.1 个百分点。呼和浩特成功举办多场明星演唱会，吸引成千上万的歌迷“因为一首歌，共赴一座城”，实现旅游收入近 30 亿元。包头在“天下黄河第一村”举办“黄河观凌”活动，实现旅游收入 1300 多万元。察哈尔右翼后旗凭借得天独厚的天然火山资源，做活火山文旅产业。2025 年春节期间，察哈尔右翼

开展特色文旅活动，做活文旅产业。图为乌兰察布市察哈尔右翼后旗乌兰哈达火山

后旗乌兰哈达火山景区异常火爆，共接待游客 5.5 万人次，实现旅游收入 4400 万元。

2025 年，内蒙古将进一步做好文体旅商融合发展大文章，通过资源共享、优势互补，大力推动“文旅 + 百业”“百业 + 文旅”双向深度融合；进一步提升北疆文化影响力，打造文旅消费新场景、新业态；培育引进一批文旅龙头企业，为产业发展注入新动能新活力，打开消费新空间。

内蒙古文化旅游事业正以前所未有的生机和活力，从东到西火起来，一年四季热起来。文旅产业正在加速成长为内蒙古的战略性支柱产业和民生产业、幸福产业。

第四篇

在发展中更加注重
保障和改善民生

2023年，习近平总书记到内蒙古考察时强调，从全国来看，推动全体人民共同富裕，最艰巨的任务在一些边疆民族地区。这些边疆民族地区在走向共同富裕的道路上不能掉队。要坚持以人民为中心，在发展中更加注重保障和改善民生，补齐民生短板，增进民生福祉，让各族人民实实在在感受到推进共同富裕在行动、在身边。内蒙古贯彻习近平总书记重要指示，努力提升各族人民福祉水平。

“我将无我，不负人民”，饱含着习近平总书记对人民的真挚情怀，映照出百年大党对人民的赤子之心。党的十八大、十九大、二十大召开后，习近平总书记到民族地区考察的第一站都是内蒙古。习近平总书记踏遍祖国北疆千山万水，心系千家万户，足迹遍及社区、园区、矿区、军区和工厂、农场、牧场、林场，从边防哨所、边境口岸和草原深处的蒙古包到机关、学校、博物馆、福利院，都留下了他伟岸的身影。

一、习近平总书记和内蒙古各族人民在一起

2018 年，习近平总书记参加十三届全国人大一次会议内蒙古代表团审议时曾深情地讲道：“在确定十三届全国人大代表中央提名人选的选举地区时，我选择了内蒙古自治区。我这样做的考虑，是要表达党中央对民族地区、边疆地区的重视，是要体现党中央加快推进欠发达地区发展、坚决打赢脱贫攻坚战的决心。”

习近平总书记始终深情牵挂内蒙古各族人民。2009 年，时任中共中央政治局常委、中央书记处书记、国家副主席的习近平来内蒙古考察。在呼伦贝尔市牧民巴特尔的蒙古包里，习近平向一家人嘘寒问暖。“家里养了多少头羊，承包了多少草场，收入怎么样……”听到翔实的回答后，习近平露出满意的笑容，祝愿一家人日子越过越红火。在呼和浩特市政

务服务中心和大召前街棚户区改造工程现场，习近平实地察看改善民生、为民办实事情况。

2014 年 1 月 26 日，习近平总书记冒着零下 30 多摄氏度的严寒，来到地处大兴安岭林区的兴安盟阿尔山市。当时林区正处于艰难的产业转型时期。习近平总书记十分关注当地林区改革发展和棚户区改造，在车上就向当地干部询问有关情况。在伊尔施镇困难林业职工郭永财家中，习近平总书记察地窖，摸火墙，看年货，坐炕头，详细了解一家人的生活。他表示，“快过春节了，知道你们有困难，特地来看望你们”。看到郭永财等群众住房还比较困难，他叮嘱当地干部，要加快棚户区改造，排出时间表，让群众早日住上新房；要做好慰问困难群众工作，让每个家庭都过好节。习近平总书记强调，我们党员干部都要有这样一个意识：只要还有一家一户乃至一个人没有解决基本生活问题，我们就不能安之若素；只要群众对幸福生活的憧憬还没有变成现实，我们就要毫不懈怠团结带领群众一起奋斗。

习近平总书记高度重视少数民族群众生活改善问题。2014 年 1 月 27 日，他来到锡林郭勒盟 81 岁的牧民玛吉格家，在蒙古包中同一家人围坐在一起，拉起了家常。“小孩上学远不远？”“看病、购物方便不方便？”“家里养了多少只羊、多少匹马？”“收入怎么样？”习近平总书记问得很细。

玛吉格和家人一一作了回答，并表示这些年日子越过越红火。习近平总书记问群众还有什么要求，老人反映当地有的牧户在用电、通行上还有些困难，他当即要求当地党委和政府作出规划，努力加以解决。

2017 年，习近平总书记在给内蒙古自治区苏尼特右旗乌兰牧骑队员们的回信中指出：“乌兰牧骑的长盛不衰表明，人民需要艺术，艺术也需要人民。”他勉励乌兰牧骑队员“大力弘扬乌兰牧骑的优良传统，扎根生活沃土，服务牧民群众，推动文艺创新，努力创作更多接地气、传得开、留得下的优秀作品，永远做草原上的‘红色文艺轻骑兵’”。

《草原上的乌兰牧骑》剧照

2019年7月15日上午，习近平总书记来到赤峰市松山区兴安街道临潢家园社区考察。他走进社区党群服务中心，询问社区基层党建、民族团结融合等情况，察看少数民族服饰、用品展示，同孩子们和社区居民亲切交流。习近平总书记强调，社区是各族群众共同的家，民族团结一家亲。要深入推进民族团结进步创建进社区，把社区打造成为各族群众守望相助的大家庭，积极创造各族群众安居乐业的良好社区环境。下午，习近平总书记来到赤峰市喀喇沁旗河南街道马鞍山村，这是一个汉族、蒙古族、满族等多民族群众聚居的村子。习近平总书记走进四世同堂的"多民族之家"——村民张国利家。他拉着张国利母亲的手，亲切向她问好，还察看了院落、客厅、卧室、厨房、厕所等情况。赤峰市的10位干部群众代表也来到农家院，习近平总书记同他们座谈交流。松山区大庙镇小庙子村党支部书记赵会杰在2018年全国两会期间邀请习近平总书记到她所在的村里看一看，这次习近平总书记专门请她来马鞍山村见面。习近平总书记高兴地对她说："你的邀请我一直记在心上，今天我履约而来，就是要实地看看乡亲们的生产生活情况。"大家踊跃发言，争相向习近平总书记汇报自己村里发生的新变化。习近平总书记指出，乡村振兴了，环境变好了，乡村生活也越来越好了。要继续完善农村公共基础设施，改善农村人居环境，重点做好垃圾污水治理、厕所革命、村容村貌提升，把乡村建设得更加美丽。习近平总书记强调，全面建成小康社会，一个民族不能少；实现中华民族伟大复兴，一个民族也不能少。共产党说到就要做到，也一定能够做到。

2019 年 7 月 16 日，习近平总书记到内蒙古大学考察，在学校图书馆听取了学校建设发展、教学科研、人才培养、思想政治建设等工作情况介绍，察看了蒙古语言文学历史成果图书展示，同正在图书馆阅览室学习的学生们亲切交流，询问学习生活情况。习近平总书记指出，少年强则中国强。未来的竞争是年青人的竞争，今天的年青人是实现第二个百年奋斗目标的骨干和栋梁。同学们要志存高远、脚踏实地，学好知识，打好基础，增长才干，将来为中华民族伟大复兴贡献自己的智慧和力量。

2020 年，参加十三届全国人大三次会议内蒙古代表团审议时，习近平总书记强调，必须把为民造福作为最重要的政绩。我们推动经济社会发展，归根到底是为了不断满足人民群众对美好生活的需要。要始终把人民安居乐业、安危冷暖放在心上，用心用情用力解决群众关心的就业、教育、社保、医疗、住房、养老、食品安全、社会治安等实际问题，一件一件抓落实，一年接着一年干，努力让群众看到变化、得到实惠。要巩固和拓展产业就业扶贫成果，做好易地扶贫搬迁后续扶持，推动脱贫攻坚和乡村振兴有机衔接。

2021 年，参加十三届全国人大四次会议内蒙古代表团审议时，对内蒙古 31 个国家级贫困旗县全部“摘帽”这一脱贫战绩，习近平总书记表示“可喜可贺”。他指出，脱贫摘帽不是终点，而是新生活、新奋斗的起点。解决发展不平衡不充分问题、缩小城乡区域发展差距、实现人的全面发展和全体人民共同富裕，仍然任重道远。内蒙古地广人稀，农牧民生活居住比较分散，生态环境脆弱，在巩固拓展脱贫攻坚成果、推进乡村振兴上难度大、挑战多，要坚决守住防止规模性返贫的底线。要发展优势特色产业，发展适度规模经营，促进农牧业产业化、品牌化，并同发展文化旅游、乡村旅游结合起来，增加农牧民收入。

积极推动乡村旅游产业发展，切实带动脱贫人口持续增收。图为游客在呼伦贝尔市额尔古纳市室韦农牧场的奥洛契庄园游玩

2023年，习近平总书记到内蒙古考察时强调，从全国来看，推动全体人民共同富裕，最艰巨的任务在一些边疆民族地区。这些边疆民族地区在走向共同富裕的道路上不能掉队。要坚持以人民为中心，在发展中更加注重保障和改善民生，补齐民生短板，增进民生福祉，让各族人民实实在在感受到推进共同富裕在行动、在身边。要全面落实就业优先政策，把推动实现更加充分更高质量的就业摆在突出位置，完善政策体系，强化培训服务，精准有效实施减负稳岗扩就业各项政策措施，支持多渠道灵活就业，重点抓好高校毕业生、退役军人、农民工等群体就业。要开拓就业渠道，加强对脱贫家庭、低保家庭、零就业家庭、残疾人等困难人员的就业兜底帮扶。要健全多层次社会保障体系，推动参保扩面，落实社会救助、医疗救助、低保和困难家庭保障扶持措施，发展养老事业和养老产业。要巩固拓展脱贫攻坚成果，把促进脱贫县加快发展作为主攻方向，增强脱贫地区和脱贫群众内生发展动力，坚决守住不发生规模性返贫底线。

二、各族人民生活越来越红火

党的十八大以来，在习近平总书记的亲切关怀和指引下，内蒙古综合运用产业扶贫、易地扶贫搬迁、教育扶贫、政策兜底等举措，创造了一个又一个减贫奇迹，书写了脱贫攻坚的壮丽篇章。2021 年 6 月 22 日，自治区脱贫攻坚总结表彰大会郑重宣布：内蒙古脱贫攻坚战取得了全面胜利，现行标准下 157 万贫困人口全部脱贫，57 个贫困旗县全部摘帽，3681 个贫困嘎查村全部出列，绝对贫困和区域性整体贫困问题得到历史性解决。在新的起点上，内蒙古把握机遇、勇担使命，全面提升保障和改善民生水平，用足用好政策，着力稳就业、保民生、促发展，切实补齐民生短板，增进民生福祉，让各族人民群众实实在在感受到推进共同富裕在行动、在身边。

（一）居民收入稳步提高

党的十八大以来，内蒙古人均地区生产总值连跨 7 个万元台阶，由 2012 年的 42441 元跃升至 2024 年的 110011 元，位列全国第八；全体居民人均可支配收入从 2012 年的 16800 元增加到 2024 年的 40077 元，位列全国第九。随着乡村振兴战略深入实施，农村牧区居民收入增速继续快于城镇居民，城乡居民收入相对差距持续缩小。2024 年，全区城镇常住居民人均可支配收入达 50888 元，比 2023 年增长 4.5%，居全国第十一位；农村牧区常住居民人均可支配收入达 22543 元，比 2023 年增长 6.2%，居全国第十二位。农牧民可支配收入增速比城镇居民高 1.7 个百分点，城乡居民收入比由 2023 年的 2.29 缩小至 2024 年的 2.26。老百姓的收入高了，底气足了，日子更有奔头了。

（二）民生安全网越织越密

党的十八大以来，内蒙古多措并举完善社会保障体系，基本民生保障标准全部达到或超过全国平均水平，民生安全网越织越密。

克服老龄化进程加快、扩面收窄等困难，深入实施全民参保计划。截至2024年12月底，内蒙古基本养老保险参保人数超过1773万人，参保率超过95%，提前实现“十四五”规划目标。工伤、失业保险基金实现自治区级统收统支。严格落实困难群众城乡居民养老保险代缴政策，“十四五”以来为210万人次困难群众代缴城乡居民基本养老保险费，做到困难群众应保尽保。自2024年7月1日起，内蒙古在中央基础养老金提高20元的基础上，将基础养老金再上调7元，全区基础养老金最低标准达到177元，惠及290.8万名领取待遇人员。大力开展集体经济补助工作，全年全区73个旗县（市、区）247个嘎查村开展了集体经济补助工作，惠及1.2万名参保群众，补助金额达到249.9万元，有效拓宽了城乡居民养老保险筹资渠道。退休人员养老金、城乡居民基础养老金和工伤保险待遇进一步提高，且均能按时足额发放，让老百姓更踏实、更安心。

为了更好地守护人民健康，内蒙古充分发挥基本医保、大病保险、医疗救助三重制度综合保障作用，持续织牢织密全民医疗保障网，在医保服务大局上迈出了新步伐。2018—2024年，全区人口参保率稳定在95%左右，职工医保和城乡居民医保政策范围内住院费用报销比例分别达到80%和70%左右。城乡居民基本医疗保险人均财政补助标准不断提高。实现基本医疗保险和医疗救助盟市级统筹。持续打通异地就医瓶颈堵点，成为全国较早实现区内无异地的省区。助力全区157万建档立卡贫困人口精准脱贫，农村牧区低收入人口实现应保尽保，政策范围内报销比例达85.7%。2024年，北京友谊医院内蒙古医院、宣武医院内蒙古医院2个国家区域医疗中心正式挂牌成立，建成紧密型县域医共体61个，全区333家医疗机构实现检查检验结果互认，医药集中带量采购减轻群众就医负担172亿元。

深入落实习近平总书记关于边疆民族地区在走向共同富裕的道路上不能掉队的重要要求，持续健全分层分类的社会救助体系。社会救助保障标准稳步提高，2024年全区城乡低保平均保障标准分别达到807元/月、588元/月，分别位居全国第十一、第十三。社会救助兜底保障措施不断完善，全区170.3万城乡低保对象和特困人员基本生活得到有效保障。聚焦落实精准救助要求，制定了《低保边缘家庭和刚性支出困难家庭认定办法（试行）》等政策措施，将全区 204.1 万低收入人口纳入常态化监测范围，主动发现、主动救助措施精准落实，凡困必帮、有难必救、应保尽保、应助尽助目标基本实现。2024 年，累计开展临时救助 13.12 万人次，投入资金 2.81 亿元，以现金、消费券等方式发放一次性生活补贴 3.77 亿元，惠及困难群众 196.5 万人次。同时，积极探索推进低收入人口常态化帮扶政策与农村防止返贫帮扶政策衔接并轨试点工作，完成“内蒙古救助通”本地化部署。由于在困难群众基本生活保障工作中表现出色，内蒙古连续 7 年在民政部、财政部绩效评价中获得“优秀”等次。

坚持不懈稳定和扩大就业，就业基本盘越来越稳。2012—2024 年，年均城镇新增就业超过 20 万人。2024 年，

持续做好稳就业、保就业工作。图为 2024 年春季校园大型招聘会就业指导现场

城镇新增就业 20.1 万人，失业人员再就业 6.8 万人，就业困难人员再就业 6.9 万人，“零就业”家庭保持动态清零，就业底线兜得更牢，劳动者“饭碗”端得更稳。持续实施阶段性降低工伤和失业保险费率、失业保险稳岗返还等助企纾困政策。2023 年以来，为用人单位减轻缴费负担 96.1 亿元。全区经营主体保持数量增长、结构优化、活跃度提升的良好态势。截至 2024 年底，全区经营主体数量达到 289.63 万户，同比增长 6.13%。

加快推进基本养老服务体系建设。新建居住区全部达标配建养老服务设施，城市“一刻钟”居家社区养老服务圈功

积极开展居家社区养老服务提升行动。图为市民在呼和浩特玉泉区小召前街街道为老餐厅用餐

能不断拓展延伸。2024年，自治区财政厅新增养老服务补贴专项资金，对入住养老机构的老年人按规定给予服务补贴，全力保障老年人安享晚年。2024年8月，第一批入住养老机构老年人服务补贴资金1761万元下达各盟市，由旗县（市、区）财政部门通过“一卡通”或社会化等方式直接发放给符合条件的老年人，让每个入住养老机构的老年人都能感受到自治区党委、政府的关心和关爱。加快发展农村牧区养老服务，在完善制度设计、提高供给能力、优化管理服务、加强要素保障等方面进行积极探索。截至2024年10月，全区累计建成苏木乡镇养老服务中心570个、村级养老服务站（含幸福院）6217个。

（三）教育发展越来越好

内蒙古坚持以人民为中心发展教育，全面贯彻党的教育方针，落实立德树人根本任务，把铸牢中华民族共同体意识这条主线贯穿办学治校全过程、各领域。

把建设教育强区作为“优先工程”，着力构建特色鲜明、优势突出、布局合理、体系完备的教育高质量发展新格局。建立与常住人口变化相协调的基本公共教育服务供给机制，通过规划调整，形成较为合理的教育资源布局。完善集团化办学和学区制管理办法及运行机制，推动集团内、学区内校际优质均衡发展。截至2024年底，全区集团化办学中小学和幼儿园共计1591所，建立教育集团532个，基本覆盖农村牧区薄弱中小学校。全区学前三年毛入园率、九年义务教育巩固率、高中阶段毛入学率、残疾儿童义务教育入学率均提前实现“十四五”规划目标。2024年，新增婴幼儿托位1.8万个、基础教育学位3.8万个。

深入推动本科高校晋位升级，学科建设取得明显进展。在第五轮学科评估中，内蒙古农业大学草学学科首次进入全国位次排名前10%。全区现有博士学位授权点59个，与2020年相比，增加了20个。此外，专业博士学位授权点实现从无到有的重大突破，数量达到7个。理工农医类学科专业占比持续提高，高等教育服务经济社会发展的适配度不断提升。由内蒙古农业大学教授张和平主持完成的“优良乳酸菌种质资源挖掘与产业化关键技术创制及应用”项目和由内蒙古自治区农牧业科学院研究员路战远主持完成的“北方农牧交错区风蚀退化农田地力培育关键技术与应用”项目，获国家科技进步奖二等奖。

持续优化专业布局，指导职业院校依据办学定位设置专业。2024年，全区职业院校共备案拟招生专业布点3136个，服务自治区重点产业专业占比提升至77.7%。出台《内蒙古自治区职业院校“订单式”人才培养实施意见》，深入实施“工匠班”计划。34所职业院校与445家优质企业组建“工匠班”“订单班”909个，在培学生超过3万人。3个项目列入教育部职业教育现场工程师专项培养计划。在2024年世界职业院校技能大赛总决赛中，内蒙古共获得94项奖励，包含8金、29银、57铜，获奖数量较往年有了历史性突破。

有序推进国家通用语言文字教育教学。从2023年开始，中考国家统编教材科目实行“一张卷考试”，并使用国家通用语言文字命题答卷。2024年秋季学期，全区中小学校实现三科国家统编教材全覆盖。义务教育阶段，学校全面推行各学科使用国家通用语言文字开展教育教学工作。持续加大国家通用语言文字推广普及力度，建成6个国家语言文字推广基地，国家通用语言文字规范化达标校创建率达到95%。

（四）人民群众住有所居、居有所安

深入践行人民城市理念，不断满足人民群众对住房的多样化、多元化需求，以租、改、补等方式为抓手，大力推进全区住房保障工作，加快构建多主体供给、多渠道保障、租购并举的住房制度。

保障性租赁住房方面，紧盯新市民、青年阶段性住房困难问题，坚持小户型、低租金，以盘活存量资源为主，引导多方主体参与，多渠道筹集建设保障性租赁住房。公租房保

障方面，紧盯城镇住房、收入“双困”家庭，增加保障渠道、完善保障方式、规范运营管理，有序改善住房困难群众的居住条件。棚户区改造方面，坚持因地制宜、量力而行，严格把好棚户区改造范围和标准，重点改造城中村脏乱差棚户区，消除城市棚户区安全隐患。

有序推进棚户区改造工作，城镇面貌焕然一新。图为鄂尔多斯市鄂托克旗改造后的棚户区

2024 年，顺利完成保交楼、保交房任务。新筹建保障性租赁住房 1.69 万套，改造农村牧区危房 3460 户、城镇老旧社区 1185 个。全区投入近 200 亿元，实施“温暖工程”，改造供热管网近 1 万公里，在线监测室温达标率 99% 以上，完成清洁取暖改造 19.3 万户，群众满意度明显提升。

（五）文化生活越来越丰富

党的十八大以来，内蒙古通过举办红红火火的群众文化活动，落实实实在在的文化惠民举措，让越来越多的老百姓享用到精神文化大餐。全区每万人平均拥有公共图书馆面积和群众文化设施面积均居全国前列。乌兰牧骑作为文艺界的一面旗帜，牢记习近平总书记的嘱托，扎根基层、服务群众，每年深入基层演出近万场次。2024 年，呼和浩特等地精心举办多场大型演唱会，丰富了市民精神文化生活，极大推动了文旅经济的发展。

举办群众文化活动，丰富市民精神文化生活，推动文旅经济发展。图为乌兰察布市察哈尔右翼前旗“乌兰察布之夜”活动现场

（六）出行越来越便捷

内蒙古铁路运营里程连续多年保持全国第一，与周边八省区的高等级公路全面打通，民用机场建设不断提速，“四横十二纵”综合交通主骨架初步形成，各族人民出行越来越便捷。2024 年，铁路客运量 5681 万人，比上年增长 12.3%，其中高铁客运量 2707 万人，增长 20.4%。民航客运量 1558 万人，增长 14.1%。

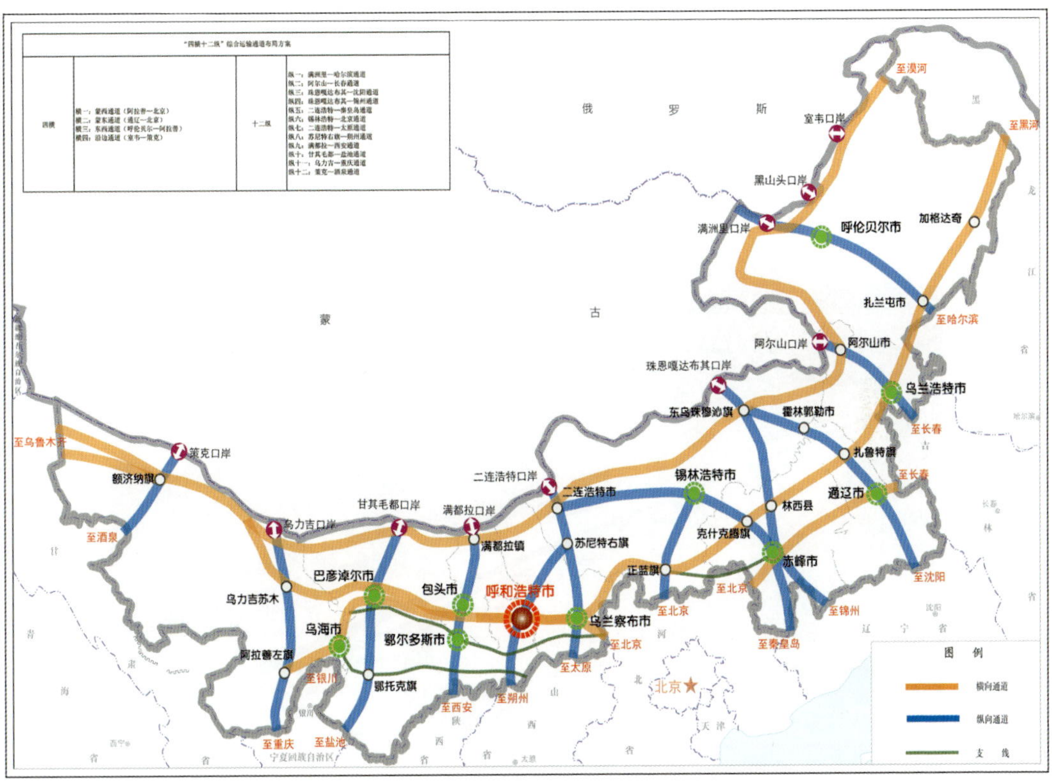

内蒙古自治区综合立体交通网规划示意图

深度融入全国高铁网。2024 年，铁路运营里程已达 1.5 万公里。京包、包兰等 18 条干线通道纵横交错，呼张高铁和通辽、赤峰至京沈高铁连接线相继建成通车。集大原高铁开通运行，内蒙古中西部地区由此融入全国高铁网，可直达华北、华东等地。集通铁路完成电气化改造，呼和浩特至蒙东地区实现快速铁路连通。赤大白铁路增开旅客列车，呼和浩特至赤峰实现“夕发朝至”。包银高铁控制性工程全部建成。从普速铁路建设来看，浩吉、准朔铁路等重大项目建成运营，以临策、集通等为主要横线，以集二、包西等为主要纵线的“五横十纵、通疆达海”的铁路网络主骨架基本形成。

加快构建纵横交错的综合立体交通布局。图为集大原高铁内蒙古段

公路建设取得显著成绩。2024 年，公路里程达 22.27 万公里，国家高速公路主线内蒙古段全线贯通，东西高速公路大通道基本贯通。全区 103 个旗县（市、区）全部通一级及以上公路。2024 年，全区限速 120 公里 / 小时高速公路达 5977 公里，占比 72.6%。

航空网络覆盖全区。持续加快“支支通”航空网络建设步伐，与支线机场配合，进一步延伸航空网络末梢，加快通用机场建设。2024 年，盛乐国际机场主体完工，为 2025 年底投运奠定了基础。清水河通用机场建成投运，库伦旗等 3 个通用机场主体建成，全区民用机场达到 46 个。呼伦贝尔、

全力推进盛乐国际机场建设，助力自治区融入京津冀、辐射俄蒙、连接东北西北地区，成为“一带一路”倡议的重要交通节点。图为呼和浩特盛乐国际机场全景

锡林郭勒、乌兰察布、阿拉善4个盟市10个景区实现低空飞行、低空旅游运营。到2025年底，争取实现地面交通与通用机场衔接更加高效，通用航空与文旅融合度显著提高，通用航空公共服务实现公用、民用、商用共用共享、平急兼顾，通用航空应用场景不断拓展，产业发展潜能有效释放。

快速推进充电基础设施建设。以公路沿线和车流人流聚集地为主，科学布局农村牧区充电设施，旗县主城区、开通运营的高速公路服务区实现全覆盖，重点乡镇、AAA级及以上旅游景区、工业园区和物流园区按需建成近5000把充电枪。呼和浩特西、卓资山、兴和、响沙湾、哈素海5对服务区建成光储超充示范站，其中600千瓦超级快充枪20把、250千瓦快充枪100把，满足新能源汽车快速补能需求。

大力推进新能源基础设施建设。图为载重卡车在加氢服务站加氢

第五篇

坚定不移推进党的自我革命

2023 年，习近平总书记在内蒙古考察时强调，通过集中教育推动全党以自我革命精神解决党风方面的突出问题，是一条重要历史经验。人民群众看主题教育是否有成效，最直观的感受是看党风方面存在的问题是否得到解决、党员干部作风是否有明显进步。要抓实以学正风，坚持目标导向和问题导向相结合、学查改相贯通，对标党风要求找差距、对表党性要求查根源、对照党纪要求明举措，增强检视整改实效。

习近平总书记到党中央工作后，4次到内蒙古考察，都对开展党内集中教育给予重要指导。内蒙古深入学习贯彻习近平总书记关于党的自我革命的重要思想，坚定不移以党的自我革命引领社会革命。

一、习近平总书记对内蒙古反腐败斗争和作风建设作出重要指示

2014年，习近平总书记在内蒙古考察时指出，推动改革发展事业，关键在党，关键在广大党员干部要有优良的工作作风。实践证明，抓作风建设最重要的是讲认真。各级党组织要弘扬认真精神，坚持高起点开局、高标准开展、高质量推进第二批群众路线教育实践活动，尤其要在坚持抓严、认真抓实、切实抓长上下功夫，真正做到让党员、干部思想上受教育、作风上有转变，让广大群众感到变化、感到满意。全党同志特别是领导干部一定要讲修养、讲道德、讲廉耻，追求积极向上的生活情趣，养成共产党人的高风亮节，做到富贵不能淫、贫贱不能移、威武不能屈。

2019年，习近平总书记参加十三届全国人大二次会议内蒙古代表团审议时强调，过去我们党靠艰苦奋斗、勤俭节约不断成就伟业，现在我们仍然要用这样的思想来指导工作。吃不穷、穿不穷，计划不到一世穷。党和政府带头过紧日子，

目的是为老百姓过好日子，这是我们党的宗旨和性质所决定的。不论我们国家发展到什么水平，不论人民生活改善到什么地步，艰苦奋斗、勤俭节约的思想永远不能丢。艰苦奋斗、勤俭节约，不仅是我们一路走来、发展壮大的重要保证，也是我们继往开来、再创辉煌的重要保证。

2019 年，习近平总书记在内蒙古考察时强调，各级领导干部要树立正确政绩观，端正思想、转变作风，挺直腰杆勇担当，俯下身子抓落实。

2020 年，习近平总书记参加十三届全国人大三次会议内蒙古代表团审议时指出，中国共产党根基在人民、血脉在人民。党团结带领人民进行革命、建设、改革，根本目的就是为了让人民过上好日子，无论面临多大挑战和压力，无论付出多大牺牲和代价，这一点都始终不渝、毫不动摇。他强调，党员、干部特别是领导干部要清醒认识到，自己手中的权力、所处的岗位，是党和人民赋予的，是为党和人民做事用的，只能用来为民谋利。各级领导干部要树立正确的权力观、政绩观、事业观，不慕虚荣，不务虚功，不图虚名，切实做到为官一任、造福一方。

2022 年，习近平总书记参加十三届全国人大五次会议内蒙古代表团审议时强调，要始终保持反腐败永远在路上的清醒和坚定，坚持不敢腐、不能腐、不想腐一体推进，坚决割除毒瘤、清除毒源、肃清流毒。要把严肃党内政治生活作为推动全面从严治党向纵深发展的基础性工程，加快推动党内政治生活全面回归健康规范的轨道。要巩固拓展党史学习教育成果，建立常态化长效化制度机制，教育引导广大党员、干部把学党史、用党史作为终身必修课，不断坚定历史自信、增强政治自觉，弘扬伟大建党精神，更加信心满怀地奋进新征程、建功新时代。

2023 年，习近平总书记在内蒙古考察时强调，通过集中教育推动全党以自我革命精神解决党风方面的突出问题，是一条重要历史经验。人民群众看主题教育是否有成效，最直观的感受是看党风方面存在的问题是否得到解决、党员干部作风是否有明显进步。要抓实以学正风，坚持目标导向和问题导向相结合、学查改相贯通，对标党风要求找差距、对表党性要求查根源、对照党纪要求明举措，增强检视整改实效。要大兴务实之风，抓好调查研究，在察实情、出实招、求实效上下功夫，把工作抓实、基础打实、步子迈实，在力戒形式主义、官僚主义上取得明显实质性进展，以这次主题教育为契机，将调查研究发扬光大。要弘扬清廉之风，教育各级领导干部牢固树立正确权力观，全面查找廉洁风险点，筑牢思想防线，坚守法纪红线。要按照“三不腐”要求健全相关制度、严格执纪，建好护栏。要养成俭朴之风，把生活作风问题作为检视整改的重要内容，督促广大党员干部保持清醒头脑，筑牢贯彻落实中央八项规定及实施细则精神的堤坝。

二、以党的自我革命引领社会革命

过去一个时期，内蒙古一些地区和领域出现了严重腐败问题，且思想观念保守、工作作风不实成为制约内蒙古经济社会发展的“拦路虎”。这两年之所以能够把各种不良风气扭转过来、把思进思变的新风正气树立起来，逐步修复遭到污染和破坏的政治生态，靠的就是以习近平同志为核心的党中央的坚强领导，靠的就是习近平总书记的把脉定向、指路引航。

（一）坚定不移把反腐败斗争向纵深推进

党的十八大以来，自治区党委坚决扛起全面从严治党政治责任，不断深化正风肃纪反腐，坚决清除贯彻落实工作中的“拦路虎”“绊脚石”，为办好“两件大事”清障护航。在党中央的坚强领导下，内蒙古以前所未有的力度惩贪治腐，紧盯煤炭资源领域违规违法问题“倒查 20 年”，着力铲除污染政治生态的最大“毒瘤”。把严惩政商勾连的腐败作为反腐败攻坚战的重中之重，深化整治金融、国企、能源、医药、基建工程和招投标等领域腐败问题，深入抓好煤炭资源领域违规违法问题常态化治理。常态化整治群众身边不正之风和腐败问题，促进全面从严治党向基层延伸。不断健全风腐同查同治工作机制，强化以案促改促治和正反两方面教育，严肃查处各类隐性变异“四风”问题。

（二）推动形成担当作为的好作风

自治区党委从建立健全体制机制入手，出台一系列政策措施，以刀刃向内的自我革命精神正作风、治歪风、树新风，着力推动思想观念和工作作风转变。2022 年 7 月，自治区党委出台《关于激励干部担当作为的十二条措施》，以用人导向激发担当动力，以科学考核压实担当责任，以严管厚爱增添担当活力，为广大干部鼓劲加油、赋能松绑，努力营造敢想敢干敢担当的浓厚氛围。

《内蒙古出台务实举措激励干部担当作为 为实干者撑腰 为干事者鼓劲》《人民日报》

2022 年 9 月，为切实解决内蒙古干部队伍中存在的畏首畏尾、不敢担当等问题，旗帜鲜明支持和保护作风正派、担当作为、锐意进取的干部，进一步调动广大干部的积极性、主动性、创造性，自治区党委精准把握容错免责的科学区间，细化容错具体情形和条件，制定出台了《关于进一步推进容错纠错工作的意见》。该意见明确对在理旧账、解难题，执行急难险重任务等工作中冲锋在前、主动履职、担当作为，出现失误错误并积极主动纠错整改的干部，大胆容错；对存在弄虚作假、坑害百姓、官商勾结、贪赃枉法等违纪违法行为的干部，坚决不容。推动树立上级为下级担当、组织为个人担当、干部为事业担当的鲜明导向。

2022 年 12 月，自治区党委办公厅印发《推进领导干部能上能下实施细则》，明确下的标准、细化下的情形，拓展识别途径、完善工作链条，推动干部能上能下、能进能出，进而形成能者上、优者奖，庸者下、劣者汰的良好局面。全区各级党委（党组）对不适宜担任、不胜任现职的 448 名干部进行组织调整。严把表彰奖励、提拔选用关口，把平时躺平摆烂不干活、做表面文章、看到机会就想法造势的干部排除在外。深入实施年轻干部“一百三千”培优育才工程和“优青计划”，有组织有计划地把干部放到改革发展稳定第一线培养锻炼。大力选用担当作为好干部。截至 2025 年 4 月，自治区 2022—2024 年评选出的 280 名“担当作为好干部”中已有 186 人得到提拔、进一步使用或晋升职级。深入开展“比武争星”行动，选树命名全区乡村振兴“担当作为好支书”98 名。释放出激励干部担当作为的强烈信号，不断增强干部的荣誉感获得感，有效激发各级干部干事创业的热情和动力，推动形成奋发有为、竞相作为的良好局面。全区干部队伍精神面貌明显改变，最显著的变化就是增强了“慢不得”的紧迫感和“坐不住”的责任感，以“满格状态”激发“顶格作为”，许多工作干出了好势头、干出了新气象，切实把内蒙古干部担当作为的形象立了起来。

《内蒙古：激励约束双向发力 促进干部担当作为》

（三）扎实开展党纪学习教育

自治区党委站在坚定拥护“两个确立”、坚决做到“两个维护”的政治高度，精心组织、精细指导、精准实施，推动各级党组织深入学习贯彻习近平总书记关于全面加强党的纪律建设的重要论述；统筹抓好原原本本学、警示教育、宣传阐释、教育培训等 6 项重点措施的落实工作，教育引导广大党员干部搞清楚党的纪律规矩是什么，弄明白能干什么、不能干什么。一体推进党纪学习教育、整治形式主义为基层减负、整治群众身边不正之风和腐败问题 3 项工作，集中力量、标本兼治，全面解决各类问题。

从关心群众冷暖到促进改革发展，从解决眼前问题到长远建章立制，党纪学习教育带来了实实在在的变化：广大党员干部正确权力观、政绩观、事业观树得更加牢固；在聚人心、强治理、优服务上投入的时间更加充裕；攻坚克难办好“两件大事”，真抓实干“闯新路、进中游”的斗志更加昂扬……

在勇毅前行的进程中，全区上下把党纪学习教育成果持续转化为推动高质量发展的强大动力。通过建立经常性和集中性相结合的纪律教育机制，广大干部群众展现出勤奋工作、放手干事、锐意进取、积极作为的精神风貌。

（四）为基层减负由治标向治本深化

党的十八大以来，以习近平同志为核心的党中央把整治形式主义为基层减负摆在更加突出位置。习近平总书记在对内蒙古的重要讲话中多次叮嘱要坚持不懈反对和克服形式主义、切实减轻基层负担。内蒙古深入学习贯彻习近平总书记重要指示精神，以上率下改问题、立规矩，一体抓好“减负、赋能、解困、推进”，取得了积极成效。

在减负上，2023 年以来，自治区本级议事协调机构精简一半以上，清理台账近 3/4，开到旗县的会议减少 48.4%；自治区、盟市、旗县（市、区）对下考核指标分别减少 20%、40%、55%，还在按中央要求作进一步精简优化；基层报表减少近 80%，村级组织工作事务比原来减少一半以上，外部标牌标识减少到 6 个，大大解放了基层干部的手脚，让他们腾出更多时间和精力抓工作落实、为群众办实事。工作中注重抓“两头”，一个是制定政策前做好研究论证，引导各级既跳起来摘桃子又不好高骛远，防止为了所谓的“政绩”层层加码；另一个是部署任务后给基层“说不”的权利，对下级确实难以完成的，允许如实报告说明情况，上级重新研究后再作安排。

在赋能上，围绕让基层“有权干事”，开展“优化职能职责、优化工作流程”专项行动，推动自治区党委组织部和发展改革委、财政厅等有审批权力的部门带头围绕“整顿、规范、提速、增效”改机制改作风，对自治区本级各部门及直属事业单位需要取消下放的581项审批事项全部取消下放，让“权力”随“责任”一起下基层。推广“街乡吹哨、部门报到”等有效做法，健全上级部门与苏木乡镇街道行政执法配合机制、事项协调督办机制，着力破解基层说话没人听、办事没人跟等难题。

在解困上，坚持上下联动、同题共答，引导各级领导机关主动帮助基层研究解决遇到的困难，与基层一起把“担子”挑起来。一方面，助力解决基层反映强烈的问题。针对基层人浮于事和结构性缺人并存的状况，按需配备驻村干部、切实加强绩效管理，制定出台关心关爱苏木乡镇干部的若干措施，建立起苏木乡镇干部收入高于县直机关事业单位同职级人员 20% 的动态增长机制。另一方面，畅通基层向上反映问题的渠道。鼓励基层干部主动发现问题、敢于说真话报实情，建立“两代表一委员”（党代会代表、人大代表、政协委员）直通车、民营企业服务热线，引导基层和有关方面放下思想顾虑、多提意见建议。

在推进上，紧盯一些干部“三多三少三慢”问题和抓工作“慢粗虚”的顽疾，制定出台“规范精减提速”20 条措施，凡事能往前赶的尽量往前赶、能提前“交卷”的就不要“卡着点儿”交。国家首批 13 个“高效办成一件事”重点事项清单在内蒙古全部上线运行，各盟市累计推出“特色一件事”108 个，“蒙速办”在全国“掌上好办”综合指数排名较 2023 年

“跨省通办”有效解决了办事企业和群众异地办事“多地跑”“折返跑”等问题。图为群众在呼和浩特市赛罕区巧报派出所异地办理港澳通行证业务

上升6位。为解决有时候干部不少干活但群众不满意的问题，引导基层优化服务群众方式，像高铁服务那样有事必应、不叫不扰，群众不需要时不越俎代庖、过度关照，真有事时及时出现、雪中送炭，切实做到热心、耐心、细心，真正把好事办到群众心坎上。

当前，内蒙古站在了高质量发展的新起点上，办好“两件大事”更加需要发挥全面从严治党的政治引领和政治保障作用。要把规矩切实立起来、严起来，把从严管理监督和鼓励担当作为高度统一起来，把转作风树新风持之以恒抓下去，更好地促进广大干部正确立身做事、积极担当作为。

第六篇

大力弘扬蒙古马精神和“三北精神”

习近平总书记在内蒙古考察时，要求内蒙古“各级领导班子和广大党员、干部发扬‘吃苦耐劳、一往无前，不达目的绝不罢休’的蒙古马精神”，号召大家发扬“艰苦奋斗、无私奉献、锲而不舍、久久为功”的“三北精神”。

凯歌而行，不以山海为远；乘势而上，不以日月为限。习近平总书记的殷殷嘱托激励内蒙古各族人民以更加昂扬的奋斗精神、更加坚定的必胜信念，建功新时代、激荡新气象、展现新作为，奋力书写中国式现代化内蒙古新篇章。

一、习近平总书记号召我们发扬蒙古马精神和“三北精神”

2014 年，习近平总书记在内蒙古考察时首次提出“蒙古马精神”。2019 年，习近平总书记在内蒙古考察时，要求内蒙古“各级领导班子和广大党员、干部发扬‘吃苦耐劳、一往无前，不达目的绝不罢休’的蒙古马精神”，“努力把各项工作做得更好”。2020 年，习近平总书记参加十三届全国人大三次会议内蒙古代表团审议时，嘱托“内蒙古自治区各族干部群众大力弘扬‘蒙古马精神’，一往无前，奋发进取，在建设亮丽内蒙古上取得新的更大进展！”2023 年，习近平总书记在巴彦淖尔市考察并主持召开加强荒漠化综合防治和推进“三北”等重点生态工程建设座谈会时，号召大家发扬“艰苦奋斗、无私奉献、锲而不舍、久久为功”的“三北精神”，勇担使命、不畏艰辛、久久为功，努力创造新时代中国防沙治沙新奇迹，把祖国北疆这道万里绿色屏障构筑得更加牢固，在建设美丽中国上取得更大成就。

二、形成千帆竞发、百舸争流的发展局面

深情嘱托励我行，使命催征勇向前。内蒙古大力弘扬习近平总书记倡导的“吃苦耐劳、一往无前，不达目的绝不罢休”的蒙古马精神和“艰苦奋斗、无私奉献、锲而不舍、久久为功”的“三北精神”，以更大力度和更实举措推进各项事业高质量发展。

从解决思想观念问题入手，自治区党委十一届五次全会鲜明提出“七个摒弃”，向全区上下发出了打破思想桎梏、革新发展理念的动员令，引导广大党员干部切实端正发展观、政绩观、事业观。这如同一把利剑，直刺制约发展的思想顽疾。

各级党组织认真开展“扬优势、找差距、促发展”专题研讨，教育引导党员干部树立赶超争先、晋位升级的雄心壮志，将蒙古马精神、“三北精神”深深根植于新时代

知识链接

七个摒弃

摒弃“我不如人”的念头，“发展不用太急了”的想法，“重过程不重结果”的意识，“没有成方不敢开药”的做法，“看眼前不看长远”的思维，“不讲细节、差不多就行”的心态，“重生产轻经营”的观念。

伟大实践，以精神铸魂、以实干担当，以一马当先、万马奔腾的气势，紧跟习近平总书记奋进新征程。

各级党委激励党员干部增强报账意识、交卷意识、成果意识，把各项工作往实里抓、往成了干。一是静下心来研究解决问题。强化“有解思维”，组织各级领导干部对优化经济布局、开发区建设管理、做大做强稀土产业、物流业提质增效等事关全局和长远发展的重大问题，沉下心来调查研究，切实把工作从哪入手、重点抓什么、具体怎

么干都想清楚、琢磨透，找出方法、拿出举措。二是一竿子插到底推动落实。引导广大党员干部特别是领导干部主动担当作为，真抓实干、务求实效，自觉做到“我开的会我贯彻，我作的批示我落实，我制定的政策我兑现，我做的调研我推动”，以身作则、以上率下把工作做好。三是拿实实在在的成果交卷。坚持全链条抓落实，研究问题就研究透，干工作就干彻底，做好抓落实的“后半篇文章”，最终拿成果交卷，做到善始善终、善作善成。

蒙古马精神和“三北精神”已经成为内蒙古广大党员干部千方百计抓生态、抓招商、抓项目、抓产业、抓民生，全力以赴稳增长、促改革、谋发展、惠民生、治荒漠的精神动力，必将推动内蒙古形成千帆竞发、百舸争流的发展局面，激励全区各族人民全力完成好习近平总书记交给内蒙古的“五大任务”和全方位建设模范自治区“两件大事”。

第七篇

贯彻落实好《国务院关于推动内蒙古高质量发展奋力书写中国式现代化新篇章的意见》

《国务院关于推动内蒙古高质量发展奋力书写中国式现代化新篇章的意见》是党的十八大以来国家出台的一篇面向边疆地区的政策性文献，干货满满、含金量十足，充分体现了以习近平同志为核心的党中央对内蒙古工作的高度重视、对内蒙古各族人民的关心关爱。

在习近平总书记的亲切关怀下，2023 年 10 月，《国务院关于推动内蒙古高质量发展奋力书写中国式现代化新篇章的意见》（以下简称《意见》）印发。这是 2023 年继习近平总书记亲临考察后，内蒙古的又一件大喜事，在内蒙古发展史上具有里程碑意义。

一、《意见》出台的重大意义

《意见》牢牢把握习近平总书记和党中央对内蒙古的战略定位，紧扣支持内蒙古以铸牢中华民族共同体意识为主线，加快落实“五大任务”，提出了推动高质量发展的总体要求、主要任务和保障措施，明确了“闯新路、进中游”的时间表和路线图，是指导内蒙古经济社会高质量发展的纲领性文件。《意见》是党的十八大以来国家出台的一篇面向边疆地区的政策性文献，干货满满、含金量十足，充分体现了以习近平同志为核心的党中央对内蒙古工作的高度重视、对内蒙古各族人民的关心关爱。

《国务院关于推动内蒙古高质量发展奋力书写中国式现代化新篇章的意见》

《意见》的出台有利于内蒙古更好地服务国家战略，服务和融入新发展格局，对保障国家生态安全、能源安全、粮食安全、产业安全、边疆安全具有重大意义；有利于构筑祖国北疆万里绿色长城，为深入推进美丽中国建设、积极稳妥推进碳达峰碳中和作出贡献；有利于发挥好内蒙古资源能源优势，守住我国重要能源资源国内生产自给的战略底线，对于有效维护国家能源和战略资源安全、支撑保障全国高质量发展具有重要意义；有利于加快缩小区域发展差距，对于铸牢中华民族共同体意识，促进各民族守望相助，共同守卫祖国边疆，共同创造美好生活有重要意义。

《意见》及配套清单提出 34 项重大政策、79 个重大事项、86 个重大项目、92 项重点工作，为内蒙古走好以生态优先、绿色发展为导向的高质量发展新路子，奋力书写中国式现代化新篇章提供了重要保障和强力支持。

二、《意见》的主要内容

《意见》共 9 个部分 33 项内容，可概括为 1 个主题、5 个战略定位、2 个阶段目标、7 项主要任务和 3 项保障措施。

（一）1 个主题

《意见》确立 1 个主题：深入贯彻落实习近平总书记重要讲话和指示批示精神，支持内蒙古以铸牢中华民族共同体意识为主线，加快落实“五大任务”，推动高质量发展，奋力书写中国式现代化内蒙古新篇章。核心是高质量、新篇章。

（二）5 个战略定位

《意见》再次明确 5 个战略定位：把内蒙古建设成为我国北方重要生态安全屏障、祖国北疆安全稳定屏障、国家重要能源和战略资源基地、国家重要农畜产品生产基地、我国向北开放重要桥头堡。简称“两个屏障”、“两个基地”、“一个桥头堡”。

（三）2 个阶段目标

《意见》提出 2 个阶段目标：一个是到 2027 年，综合经济实力进入全国中等水平，城乡居民收入达到全国平均水平，产业结构优化升级，新能源装机规模超过火电，粮食和重要农畜产品供给能力持续提升，“三北”防护林体系建设工程攻坚战取得阶段性成效，防沙治沙成果显著，我国向北开放重要桥头堡作用充分发挥，“模范自治区”建设取得明显成效，内蒙古现代化各项事业实现新的发展。一个是到 2035 年，综合经济实力大幅跃升，经济总量和城乡居民收入迈上新台阶，新型能源体系基本建成，“两个屏障”、“两个基地”、“一个桥头堡”作用进一步提升，在促进民族团结进步上继续走在前列，与全国同步基本实现社会主义现代化。

（四）7 项主要任务

《意见》部署 7 项主要任务：一是从科学推进荒漠化综

合治理、强化草原森林湿地保护修复、深入开展环境污染防治、推进绿色低碳循环发展4个方面，对统筹山水林田湖草沙系统治理，筑牢北方重要生态安全屏障作出部署。二是从增强创新发展能力、加快产业结构优化升级、促进服务业优质高效发展、加强基础设施体系建设4个方面，对推动产业结构战略性调整优化，构建多元发展、多极支撑的现代化产业体系作出部署。三是从推动矿产资源有序开发利用、加强矿区治理修复、创新资源型地区转型发展体制机制3个方面，对深化体制机制改革，探索资源型地区转型发展新路径作出部署。四是从提升传统能源供给保障能力、推进大型风电光伏基地建设、加快构建现代能源经济体系、加强稀土等战略资源开发利用4个方面，对构建新型能源体系，增强国家重要能源和战略资源基地保供能力作出部署。五是从加强农牧业基础设施建设、大力发展生态农牧业、强化水资源保障能力、深化农村牧区改革4个方面，对加快推进农牧业现代化，提升国家重要农畜产品生产基地综合生产能力作出部署。六是从强化开放大通道建设、加快发展开放型经济、加强区域协作互动3个方面，对积极融入国内国际双循环，推动向北开放重要桥头堡建设提质升级作出部署。七是从全面推进民族团结进步事业、加强基本民生保障、提高公共服务水平、加强守边固边兴边、防范化解重点领域风险5个方面，对加强中华民族共同体建设，筑牢北疆安全稳定屏障作出部署。

（五）3 项保障措施

《意见》提出 3 项保障措施：一是坚持和加强党的全面领导。充分发挥党总揽全局、协调各方的领导核心作用，深刻领悟“两个确立”的决定性意义，增强“四个意识”、坚定“四个自信”、做到“两个维护”，把党的领导始终贯穿于推动内蒙古高质量发展全过程各方面。增强党组织政治功能和组织功能，充分发挥基层党组织战斗堡垒和党员先锋模范作用，引导广大党员、干部大力弘扬蒙古马精神和“三北精神”，全面调动各级干部的积极性、主动性、创造性，守正创新、担当作为，凝聚各方合力，把党中央决策部署贯彻落实好。二是强化政策支持。发挥重大项目牵引带动作用，将符合条件的项目纳入中央预算内投资等支持范围。根据战略定位需要，围绕新能源、新材料、现代装备制造、现代煤化工、奶业、农畜产品等领域，在重点产业发展、重大项目落地等方面给予支持。支持内蒙古与中央和国家机关、东部沿海地区之间按照有关规定和干部管理权限开展干部挂职交流。加大人才培养力度，将内蒙古列为西部重点支持地区，推动高端人才支援内蒙古。三是健全工作落实机制。内蒙古自治区要落实主体责任，制定工作清单，明确时间表、施工图，确保各项任务落到实处。国务院有关部门要按照职责分工，根据本意见确定的目标任务，加强指导协调，出台配套政策，对内蒙古落实“五大任务”给予大力支持。国家发展改革委要加强对本意见实施的跟踪评估，完善工作机制，协调解决突出问题，重要情况及时向党中央、国务院报告。

三、全力抓好《意见》的贯彻落实

内蒙古高度重视《意见》的贯彻落实工作，成立完成“五大任务”、推动高质量发展工作领导小组，印发《贯彻落实〈国务院关于推动内蒙古高质量发展奋力书写中国式现代化新篇章的意见〉重点任务分工方案》，细化分解189项具体任务。自治区党委、政府切实把习近平总书记和党中央的关怀与期望转化为推动内蒙古高质量发展的动力，鲜明地提出政策落地工程，并把《意见》贯彻落实工作纳入其中，将其作为头等大事，举全区之力抓落实，建立了“横向到边、纵向到底”的推进机制，推动各方面一项一项狠抓落实，让政策变成一个个鲜活的项目，给老百姓带来实实在在的福祉。对于重大项目、重大事项，实行责任制，强化落实力度；对于《意见》提出的中长期目标，明确年度工作目标，压茬推进、持续发力，确保各项工作保质保量向前推进。

《意见》的贯彻落实，是内蒙古当前和今后一个时期的重要政治任务。全区广大党员干部要以强烈的感恩之心和坚定的奋进之志，以锐意进取的精神状态和“时时放心不下”的责任意识，推进《意见》落地落实，切实把习近平总书记和党中央对内蒙古的关怀厚爱转化为推动高质量发展的实际行动。

第八篇

持续推进“六个工程”
组织开展“六个行动”

自治区党委确定的“一条主线”“两件大事”“五大任务”以及“六个工程”“六个行动”，都是贯彻落实习近平总书记对内蒙古重要指示精神的具体思路和安排部署。全体党员干部群众要坚持干字当头，以“一往无前”的决心抓好各项工作，努力把思路和部署变成实际行动和工作成效。

自治区党委确定的“一条主线”“两件大事”“五大任务”以及“六个工程”“六个行动”，都是贯彻落实习近平总书记对内蒙古重要指示精神的具体思路和安排部署。全体党员干部群众要坚持干字当头，以“一往无前”的决心抓好各项工作，努力把思路和部署变成实际行动和工作成效。

一、持续推进“六个工程”

“六个工程”对内蒙古高质量发展和民生改善具有支撑性、牵引性、撬动性作用。2024年，自治区深入推进“六个工程”取得标志性成果。

政策落地工程扎实推进，多重国家支持政策加快落地，44个国家部委和央企出台落实国务院《意见》配套文件49个，国家发改委配套清单中的86个重大项目开工77个。防沙治沙和风电光伏一体化工程全面铺开，建设风电光伏装机2727万千瓦，配套治沙238万亩，库布其沙漠“光伏长城”初具规模。温暖工程成效显著，投入196亿元的528个项目全部完工，群众满意度明显提升。诚信建设工程持续推进，大力整治各类失信行为，为企业清欠账款、挽回损失71.4亿元。全力实施科技“突围”工程，成立自治区党委科技委和科技咨询委，与怀柔国家实验室达成战略合作，大青山实验室、鄂尔多斯实验室挂牌运行，5个“突围”点位36项重点任务全面推进，

2 个项目获国家科技进步奖二等奖，新增博士、硕士点 45 个，11 个学科专业实现博士点从无到有。高位推动自贸区创建工程，编制完成总体方案，复制推广 223 项国家层面制度创新成果，试点开展投资、贸易、金融等领域改革。

2025 年，内蒙古将继续用力抓好“六个工程”推进工作。深入落实东北全面振兴、西部大开发、黄河流域生态保护和高质量发展、“三北”工程攻坚战等国家重大战略，推进落实国务院《意见》，用好中央经济工作会议和全国两会明确的政策，突出政策落实效果导向，让政策红利落到每家每户、每个企业。继续推进防沙治沙和风电光伏一体化建设，实现增绿增收增能多赢。瞄准科技“突围”点位持续攻坚，抓好科技成果转化落地，努力实现多点开花。维护好温暖工程建设成果。按计划推进诚信建设和自贸区创建。

《推动“六个工程”见行见效》

二、组织开展“六个行动”

“六个行动”是自治区党委继“六个工程”之后的又一重大部署，包括重大项目谋划行动、助企行动、就业促进行动、节水行动、区域合作深化行动、北疆文化建设提升行动。

重大项目谋划行动。抓住“十五五”规划编制窗口期，把握住全国两会释放的新一波政策利好，用足国务院《意见》及各部委配套文件政策利好，压茬策划推进几批政府投资项目，更好带动民间投资，力争2025年建设投资突破万亿元。围绕提升新能源建设和消纳能力、发展新兴产业和未来产业、打通自治区东中西部高铁通道和直连东北、西北物流通道等，谋划一批标志性、牵引性重大工程。继续大抓招商引资，2025年力争引进到位资金5700亿元以上。各金融机构要全面落实“宽信用”政策，加大信贷投放力度，把自治区近4万亿元的存款余额释放出来。强化土地、资金等要素保障，推动项目快建设快投产，为稳增长、增后劲提供支撑。

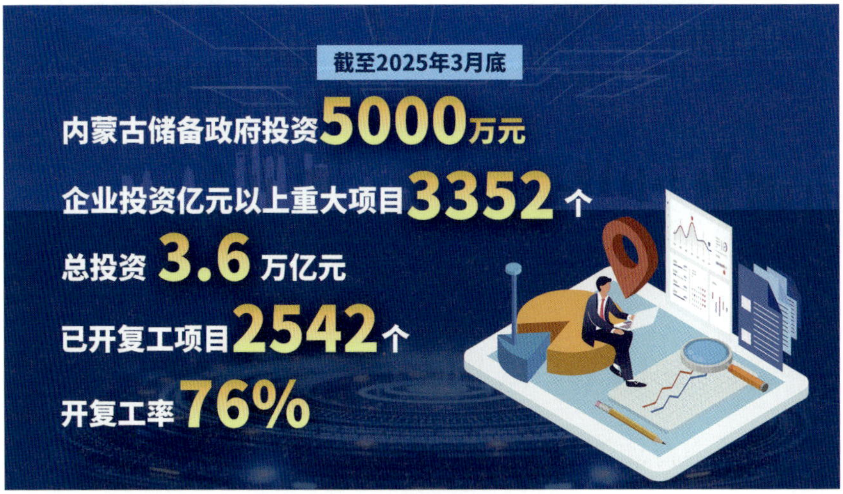

助企行动。全面推广“承诺制+全代办”服务模式，推动惠企政策直达、“免申即享”。对“婆婆多”“门难找”的审批事项，要像信访代办那样为企业帮办代办。加快偿还

拖欠企业账款，在银行放贷、政府招标中对民营企业、国有企业一视同仁。完善民营企业科技创新税收抵扣、利润返还等政策，推动科研机构向民营企业开放科研设施和创新资源，让有能力的民营企业承担政府重大技术攻关任务。提高执法检查的规范性、实效性，注重柔性执法，不能“鸡蛋里挑骨头”。相关部门要强化“保姆”意识，积极帮助企业找订单、拓市场。

就业促进行动。各地要想办法多办企业，引导企业就近就地用工。普通高校和职业院校要以就业为导向调整优化专业设置，同企业提前对接用人需求，开展订单式培养。人力资源和社会保障等部门要瞄准市场需求实打实开展培训。各级政府和基层组织要把帮助群众就业作为重要事项，有针对性地搞好就业组织和服务。通过组建农牧民施工队、劳务合作社等方式，引导农牧民积极参与防沙治沙、农田水利等工

程建设；通过引导自主创业、推动灵活就业、开发公益性岗位等举措，促进城镇居民就业。持续完善社区服务，扩大“一老一小”等服务供给，助力“家门口”就业。

节水行动。大力推进农业节水灌溉，全面落实工程、农艺、品种、结构、机制“五节”措施，推广滴灌、微灌等方式，力争2025年实现农业新增节水能力2.7亿立方米以上。加快工业节水技术改造，大力创建节水型企业和园区，引导工业企业特别是高耗水企业采用先进节水技术，力争2025年实现万元工业增加值用水量比2020年减少13%以上。加强城乡居民节约用水宣传教育，引导全社会养成节约用水的习惯。切实降低城市公共供水管网漏损率，结合智慧城市建设和乡村建设，堵住各种“跑冒滴漏”，力争2025年实现沿黄城市全部节水达标。注重运用市场化手段提高节水效能，深

化农业水价综合改革，推行工业用水预算管理，完善阶梯水价、用水超定额累进加价、使用再生水累进减价等政策，加快构建地下水价高于地表水、地表水价高于非常规水的合理水价体系。同时用好价格杠杆，引导各个领域加强废水利用。通过水权转让，加强非常规水配置利用，推行“节水贷”“取水贷”等绿色金融模式，让资源变资产、资产变资本、资本变资金。

区域合作深化行动。一要进一步扩大对俄蒙开放。在“出”上，要加快推动制度型开放和海外仓布局。进一步扩大农畜、机电和“新三样”等产品出口，加强与俄罗斯外贝加尔超前发展区的对接，走出去参与蒙古国新能源、防沙治沙、棚户区改造和教育、医疗、文化等领域的建设。在“进”上，要加快谋划建设中欧班列集散中心，大力发展进口货物落地加

工，切实解决好“酒肉穿肠过”问题。进一步扩大边民互市贸易、跨境旅游等规模，在有来有往中深化合作。二要加强与京津冀、长三角、粤港澳大湾区和东三省等地区的交流合作。深化京蒙全方位合作，要找准双方所需的结合点，深入实施“六个倍增计划”和“四项行动”。三要促进自治区东中西部差异化协调发展。蒙东五盟市要着力破解人散、地散、产业散、交通散等瓶颈，依托区域中心城市、边境口岸和赤峰—锦州港出海通道，联合打造优势特色产业集中区，加快振兴发展步伐。呼包鄂乌地区要发挥产业、科教等领域的相对优势，推进产业、基础设施、公共服务等一体化发展，在人工智能、绿色算力、风光氢储、稀土等领域打造新的增长点。蒙西的乌海及周边地区要加强园区统一管理、产业统筹布局，提升整体发展效益。巴彦淖尔除高质量发展设施农业外，还

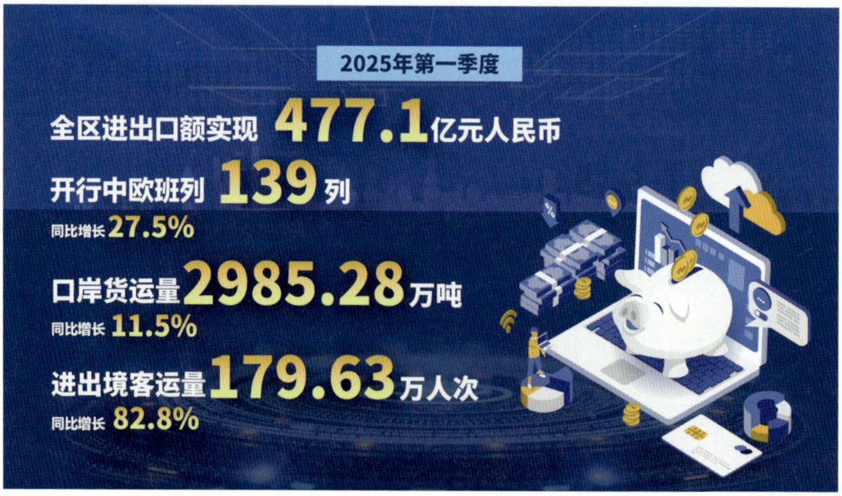

要研究如何挖掘油气和有色金属等资源潜力，优化产业布局，全方位提升发展水平。

北疆文化建设提升行动。组织力量加强对北疆文化历史渊源、发展脉络的研究和梳理，打通网上网下，统筹内宣外宣，广泛宣传内蒙古丰富的历史文化遗产和红色资源。推动乌兰牧骑等艺术团体到全国乃至全球展演，在大型节庆、文旅活动和群众性文化活动中嵌入北疆文化元素和标识。落实好重点文艺项目扶持和精品奖励管理办法，引导文艺工作者创作更多展示内蒙古好形象好风貌的精品力作。深化体制机制改革，大力推行“院团＋公司”“公益＋市场”等模式，支持国有文艺院团和文化事业单位运用市场化手段增强活力，实现经济效益和社会效益双丰收。加快文旅融合发展步伐，让北疆文化更有知名度和吸引力。

历史和实践证明，内蒙古各项事业的发展进步，离不开习近平总书记的把舵领航，离不开党中央的坚强领导，离不开社会主义大家庭的团结互助。在全面建设社会主义现代化国家的新征程上，习近平总书记已经为内蒙古规划了发展蓝图，指明了方向和路径，全区各族人民要牢记习近平总书记的嘱托，始终感党恩、听党话、跟党走，在“闯新路、进中游”上取得更大进展，奋力书写中国式现代化内蒙古新篇章。内蒙古必将不负习近平总书记的殷切期望，在某个历史发展节点实现后来居上。

后　记

按照自治区党委工作安排，我们组织精干力量编写了《勇闯新路 挺进中游——奋力书写中国式现代化内蒙古新篇章》一书，为常态化开展“感党恩、听党话、跟党走”群众教育提供辅导读本。

本书在编写过程中得到自治区有关部门和专家学者的大力支持。自治区党委办公厅、组织部、统战部、政法委，自治区发改委、财政厅、教育厅、农牧业厅、生态环境厅、自然资源厅、交通运输厅、人社厅、水利厅、住建厅、工信厅、商务厅、文旅厅、卫健委、民委、能源局、林草局、统计局等单位给予了有力支持。编写工作得到自治区党委组织部张兆刚、贾利霞、于志永，内蒙古人民出版社杨佐坤，自治区党委党史和地方志研究室付瑞彪、陈鹏、贺彪的支持。刘建禄、李红、朱晓俊、刘文波等同志提出了宝贵的意见建议。各盟市委组织部、内蒙古展览馆、内蒙古人民出版社等单位及郭璐璐、沈国强、王旭、韩超群等同志为本书提供了珍贵的图片资料。有部分图片没有找到来源，请作者联系出版社。

杜铁鑫、吴海山全程指导编写工作并审阅了书稿。宋立志主持编写工作，参加编写工作的还有薄雪英、侯丽媛、郝骏韬、张今朝。内蒙古人民出版社陈利保、王静、蔺小英、董丽娟、刘那日苏负责书稿的编辑排版工作。

由于编写者水平有限，书中难免存在不足之处，恳请读者批评指正。

本书编写组
2025 年 4 月